LE VOYAGE INTÉRIEUR DE CHARLES DARWIN

LE VOYAGE INTÉRIEUR DE CHARLES DARWIN

Essai sur la genèse psychologique d'une œuvre scientifique

Benoît Virole

éditions des archives contemporaines

Éditions des archives contemporaines
9, rue du Château d'Eau
75010 Paris
France

ISBN : 90-5709-017-1

Du même auteur :

Psychologie de la surdité, B. Virole (dir.), De Boeck Université, Bruxelles, 1996, 2e éd. 2000.

Sciences cognitives et psychanalyse, Presses Universitaires de Nancy, Nancy, 1995.

Figure du silence, études cliniques sur la surdité, L'Harmattan, Paris, 1990.

Sommaire

Illustrations

Avant-propos

Le projet de ce livre est né à la lecture, lors de vacances d'été, du récit du *Voyage d'un naturaliste autour du monde* de Charles Darwin. Ce livre a laissé en moi l'impression d'une étonnante proximité intérieure. J'ai fini par accepter l'idée que cette lecture avait suscité le même phénomène du retour sur le monde intérieur que vit, lors d'une séance, le psychanalyste à l'écoute d'un patient. Cette proximité ne pouvait en effet venir ni, hélas, de l'expérience d'un voyage autour du monde, ni du contenu scientifique de ce récit qui est très loin de ma formation et de mes compétences. Elle ne pouvait donc venir que d'une autre scène que celle de la réalité décrite dans cet ouvrage. J'ai ainsi commencé à m'intéresser à Charles Darwin en gardant comme fil conducteur l'idée qu'il était possible de réaliser une forme de lecture psychanalytique d'une réalisation scientifique. Souvent découragé par l'ampleur de l'œuvre autant que par la littérature qui lui est consacrée et longtemps intimidé par la dimension extraordinaire du génie de Darwin, j'ai trouvé dans la lecture de sa propre autobiographie et dans la familiarisation progressive avec ses ouvrages la conviction nécessaire à la réalisation de cet essai. Je me permets d'adresser ici mes remerciements à tous ceux qui m'ont, directement ou indirectement, aidé à la réalisation de ce projet, en particulier Patrick Tort qui a bien voulu lire et commenter très utilement une première version du manuscrit ; Nathalie Fournier pour le travail de correction ; Anthony Erb et Catherine Leconan pour leurs conseils et Arielle Zajde pour la constance de son soutien. Cet ouvrage doit aussi beaucoup aux rencontres organisées par l'association *Génétique et Liberté* ainsi qu'aux travaux de Jean Petitot et de René Thom.

Sans doute, on éprouve une vive satisfaction à contempler des pays si divers, à passer en revue, pour ainsi dire, les différentes races humaines, mais cette satisfaction est loin de compenser les fatigues. Il faut donc que l'on ait un but, que ce but soit une étude à compléter, une vérité à dévoiler, que ce but en un mot, vous soutienne et vous encourage.

C. DARWIN
Le voyage d'un naturaliste

L'activité scientifique aspire à atteindre une concordance avec la réalité, c'est-à-dire avec ce qui existe en dehors de nous indépendamment de nous, et qui comme l'expérience l'a enseigné, est décisif pour la réalisation ou l'échec de nos désirs. Cette coïncidence avec le monde extérieur réel, nous l'appelons vérité.

S. FREUD
35e conférence

Introduction

Le 27 décembre 1831, le navire d'explorations géographiques *Beagle* appareille après trois tentatives infructueuses dues au mauvais temps persistant sur la côte sud de l'Angleterre. À son bord, le jeune naturaliste Charles Darwin, le corps ravagé par le mal de mer et l'esprit étreint par l'angoisse d'un départ pour un long tour du monde, ne se doute pas qu'il va être l'auteur de l'une des plus grandes découvertes scientifiques de l'humanité. Bien des années plus tard, la publication de *L'Origine des espèces*[1], va révolutionner l'histoire naturelle et modifier

1. En français, le titre complet de l'ouvrage paru dans sa première édition en 1859 est « *L'Origine des espèces au moyen de la sélection naturelle ou la préservation des races favorisées dans la lutte pour la vie* », édition française, GF-Flammarion, texte établi par Daniel Becquemont à partir de la traduction de l'anglais d'Edmond Barbier, Introduction, chronologie et bibliographie par Jean-Marc Drouin, 1992, 604 p.

durablement la conception que se fait l'homme de sa place dans l'univers des formes vivantes. Élaborée lentement à partir des observations réalisées lors de ce voyage inaugural, la théorie de l'évolution de Darwin est à la source de la biologie moderne et tout phénomène en ce domaine ne peuvent *in fine* que lui être renvoyé. S'il nous prend l'envie, par exemple, de demander à un biologiste *pourquoi* les plantes se tournent vers la lumière, *pourquoi* le narval possède une corne, *pourquoi* l'anguille retourne en mer, *pourquoi* l'hippocampe mâle porte en lui ses petits, notre biologiste répondra probablement d'abord *comment* les choses se font. Organismes, organes, organites, corpuscules, molécules, la description du vivant est vertigineuse et les explications fournies par la biologie sont d'une précision extraordinaire. Mais si après l'émerveillement de savoir *comment* cela fonctionne, nous persistons à demander *pourquoi* cela est ainsi, alors notre interlocuteur fera certainement appel à l'argument de l'évolution et de la sélection naturelle ; si cela n'était pas ainsi, cette espèce ne serait pas parvenue jusqu'à nous mais aurait été supplantée par d'autres espèces concurrentes. La théorie darwinienne de la sélection naturelle des formes vivantes stipule en effet la reproduction préférentielle des individus qui ont, *par hasard*[2], hérité d'un caractère leur donnant plus de chances pour survivre dans leur milieu. Ces individus se reproduisent alors plus que les autres et le caractère avantageux qu'ils possèdent devient plus fréquent dans la génération suivante. En considérant ce processus sur une très longue période, le trait adaptatif se répand dans toute la population et finit par changer le caractère moyen de l'espèce.

Même après de profonds remaniements et des extensions considérables, au travers de la génétique moderne des populations par exemple ou de la théorie des équilibres ponctués de S.J. Gould[3], la théorie de l'évolution de Darwin reste l'un des

---

2. Selon T. S. Kuhn l'impact traumatique de la thèse darwinienne dans l'histoire des idées tient essentiellement à ce que le processus d'évolution n'est pas finalisé. Le véritable choc traumatique de la thèse de Darwin ne porte pas tant sur la représentation d'un peu présentable aïeul simiesque de l'homme, lui-même lointain descendant d'un mystérieux unicellulaire, mais bien sur l'absence de finalité. Kuhn T.S. *La structure des révolutions scientifiques*, 1962, édition française, 1983, p. 234.
3. Cf. Gould S.J., *Ontogeny and Phylogeny*, 1977.

piliers fondateurs de la biologie contemporaine[4]. Son importance justifie donc pleinement que l'œuvre de Darwin soit encore aujourd'hui l'objet d'une intense recherche historique. La moindre ligne de ses carnets de notes a été analysée et le nombre de livres ayant trait à sa pensée décourage toute velléité d'être exhaustif[5]. Les conditions épistémologiques de la genèse de la théorie de Darwin divisent pourtant encore les spécialistes. Selon J.P. Bowler, il existe deux grands types d'interprétation de l'œuvre de Darwin[6]. Le premier met l'accent sur les facteurs scientifiques internes. Darwin aurait réussi le tour de force de créer une explication de l'évolution en rassemblant et en ordonnant ses observations recueillies lors du voyage du *Beagle*. Un deuxième type d'interprétation met en avant les facteurs externes, en particulier sociologiques, qui auraient influencé la nature de la théorie de Darwin. Il n'aurait fait que projeter dans sa théorie de l'évolution l'éthique capitaliste de l'Angleterre victorienne (la lutte pour la vie) la justifiant ainsi par une motivation biologique. La dynamique temporelle qui a guidé sa découverte fait également l'objet de discussions. En particulier, l'apport réel du voyage du *Beagle* dans la construction de l'œuvre de Darwin a parfois été relativisé au profit du travail d'élaboration ultérieur[7]. Toutes ces interprétations nous permettent de disposer de représentations solides de la structure de son œuvre. À ce titre, elles sont indispensables pour comprendre sa genèse sur le plan épistémologique, mais elles laissent insatisfait le désir de savoir les conditions internes, subjectives, qui ont permis à Darwin de réaliser le saut créateur qui sépare la collection de faits de la construction théorique. Elles laissent ainsi le champ libre à un essai de compréhension de la genèse psychologique de son œuvre.

---

4. Maxime Lamotte écrit ainsi dans sa *Théorie actuelle de l'évolution* (1994) que le darwinisme est la seule des trois théories centrales du XXe siècle - marxisme, psychanalyse, et théorie de l'évolution - qui s'est renforcée à l'épreuve des faits. Cf. aussi pour une présentation claire des problématiques biologiques suscitées par Darwin : *Questions sur la théorie de l'évolution*, Devillers C., Tintant H., 1996.
5. L'ampleur des travaux consacrés à Darwin est telle que l'on a coutume de parler de « *Darwinian industry* ».
6. Bowler J. P., *Darwin*, 1990, édition française, 1995.
7. Ce n'est pas l'avis de F. J. Sulloway qui place bien dans le voyage les sources authentiques de la découverte de Darwin. Cf., le chapitre sur Darwin dans Sulloway F.J., *Freud, biologiste de l'esprit*, 1979, édition française, 1981.

L'importance scientifique de Darwin, sa place dans l'histoire des idées et le mystère de la création d'une œuvre scientifique majeure suffisent donc largement à justifier l'intérêt qu'un psychanalyste peut porter à l'auteur d'ouvrages aussi fondamentaux que *L'Origine des espèces* ou *La Descendance de l'homme*. Cet intérêt se redouble dès lors qu'on considère les relations entre Freud et Darwin qui ont fait l'objet d'études très détaillées[8]. Il est établi que les premiers travaux du jeune Freud dans le domaine de l'anatomie humaine étaient guidés par des buts de recherche ayant trait à la théorie générale de l'évolution et que c'est bien l'étude des travaux de Darwin qui a poussé Freud à embrasser une carrière scientifique[9]. Cependant ce n'est pas cet aspect historique des liens entre psychanalyse et théorie de l'évolution qui nous intéresse au premier chef, mais bien le fait que l'œuvre de Darwin constitue un objet de tout premier plan pour une psychanalyse appliquée à la connaissance scientifique. Comparée par Freud à la révolution copernicienne qui a décentré la terre dans l'espace des corps stellaires, la théorie de Darwin a placé l'homme dans la série évolutive des formes animales et l'a ainsi privé de L'illusion d'une origine singulière.

Quelles sont les conditions d'émergence de cette théorie ? Quel est le rôle joué par la personnalité de Darwin et les circonstances de sa vie dans l'élaboration de cette théorie ? Doit-on ramener cette immense découverte au travail souterrain de l'histoire des idées ou au contraire chercher dans le mystère de la vie intérieure d'un homme les sources profondes de la création scientifique ? La genèse de la théorie darwinienne de l'évolution des espèces au travers de la sélection naturelle prend certes racine dans l'histoire des sciences. Un autre biologiste anglais, Alfred Russel Wallace (1823-1913) a écrit un mémoire sur la sélection naturelle quasiment en même temps que Darwin et a élégamment laissé la priorité de la découverte à ce dernier. Les déterminants

8. Cf. F. J. Sulloway, *op. cit.*, ainsi que Ritvo L.-B., *L'Ascendant de Darwin sur Freud*, 1992 ; Lacoste P. « Sur les théories freudiennes de l'évolution » *Les Évolutions, phylogenèse de l'individuation*, sous la direction de Pierre Fedida et Daniel Widlöcher, 1994 ; et l'article de P.-L. Assoun « Freudisme et Darwinisme » dans le *Dictionnaire du darwinisme et de l'évolution*, sous la direction de Patrick Tort, 1996.
9. Freud cite *La Descendance de l'homme* de Darwin comme l'un des ouvrages fondamentaux en réponse à la demande de l'éditeur viennois, Hugo Heller. Cf. E. Jones, *La vie et l'œuvre de Freud*, 1953, édition française, 1982, p. 476.

collectifs de l'histoire des idées scientifiques ont donc incontestablement joué un rôle prépondérant dans la naissance de la théorie de l'origine des espèces. Cependant l'épistémologie ne suffit pas à rendre compte de l'émergence d'une théorie. En matière de découverte scientifique, un apport externe est toujours fondamentalement nécessaire. Cet apport nécessaire est indissociablement lié à l'activité de pensée d'un homme. En effet, il n'existe pas de vérité cachée sous les objets du monde en attente d'être dévoilée au travers d'une expérience cruciale, d'une analyse statistique décisive ou d'une découverte fortuite. La véritable découverte scientifique nécessite un *saut créateur* s'affranchissant radicalement du traitement passif des données[10] pour générer une idée nouvelle les éclairant alors d'une signification nouvelle.

La réalisation scientifique nécessite une *création* subjective, c'est-à-dire en termes psychanalytiques une *sublimation* ayant pour objet le domaine scientifique. La sublimation a été décrite par la psychanalyse comme un processus marqué par la désexualisation, c'est-à-dire un changement du but de la pulsion sexuelle, d'un but sexuel vers un but non sexuel. La pulsion sexuelle présente en effet cette propriété fondamentale de pouvoir à s'attacher à d'autres buts que celui de la satisfaction génitale ainsi que l'écrit Freud :

> « La pulsion sexuelle est tout particulièrement propre à fournir de telles contributions puisqu'elle est douée de la capacité de sublimation, c'est-à-dire est en état d'échanger son but le plus proche contre d'autres buts, éventuellement dotés d'une plus haute valeur et non sexuels. Nous tenons ce processus pour démontré, lorsque l'histoire d'enfance d'une personne, donc l'histoire de son développement animique, montre qu'au temps de l'enfance la pulsion qui était surpuissante était au service d'intérêts sexuels. Nous trouvons une confirmation supplémentaire dans le fait que, dans la vie sexuelle de la maturité, un étiolement frappant se manifeste, presque comme si une part de l'activité sexuelle était désormais remplacée par l'activité de la pulsion surpuissante.[11] »

10. Cf. Holton G., « L'élaboration théorique selon le modèle einsteinien » in *L'Imagination scientifique*, 1981, p. 231. Holton commente un texte d'Einstein où celui-ci dessine un graphe représentant une flèche projetée vers le haut pour symboliser l'émergence d'une idée scientifique.
11. Freud S., *Un Souvenir d'enfance de Léonard de Vinci*, 1910, édition française, 1993, p. 102.

Cependant la théorie de la sublimation a évolué tout au long de l'œuvre de Freud et elle devait faire l'objet d'un chapitre spécifique de sa métapsychologie qui n'a jamais vu le jour. D'après Freud, elle porte donc sur des pulsions partielles non intégrées dans la génitalité et les transforme dans des réalisations culturellement valorisées. Les travaux psychanalytiques post-freudiens n'ont pas vraiment contribué à l'éclaircissement de la question et les différences de conception de la sublimation sont à la mesure des divergences d'écoles. Pour Mélanie Klein, la sublimation découle de la recherche inconsciente de restauration du bon objet détruit par les attaques sadiques du sujet. Pour Jacques Lacan, la sublimation est conceptualisée dans son rapport avec la dénégation de la castration, et au-delà avec la finitude et la mort[12]. La dénégation serait ainsi au cœur de la sublimation. En effet, selon les thèses freudiennes, seul le principe de plaisir conduit le psychisme au tout début du développement de l'enfant. Les pulsions de vie installent dans le moi embryonnaire ce qui est bon et expulsent au dehors ce qui est mauvais. Secondairement s'établit le principe de réalité et l'activité de pensée qui produit la représentation et sait la distinguer du réel. Reproduire en pensée ce qui est bon suppose que l'on puisse rejeter dans la représentation ce qui n'est pas conforme au réel. Cette fonction de critique des représentations internes nécessite le jugement et donc la négation. Selon Freud, la constitution de la négation a permis à la pensée un premier degré d'indépendance par rapport aux conséquences du refoulement et du même coup à la coercition du principe de plaisir, aboutissant à l'activité de la pensée. D'autres approches de la sublimation ont été proposées en psychanalyse[13] et l'analyse épistémologique approfondie de la question a été réalisée par Jean Laplanche[14]. La question de la nature profonde de la sublimation reste cependant encore irrésolue et la découverte scientifique est parmi toutes les réalisations culturelles celle dont l'origine psychologique est la plus mystérieuse.

---

12. Cf. Juranville A. *Lacan et la philosophie*, 1984, p. 277.
13. Cf. par exemple, W. R. Bion et sa fonction connaissance (C) émergente entre l'amour et la haine, *Aux sources de l'expérience*, 1962, 1979.
14. Laplanche J. *La sublimation*, problématique III, 1980.

Sur le plan méthodologique, l'approche psychanalytique de la connaissance scientifique se heurte à deux grandes difficultés. D'abord le déplacement de la situation de cure vers un domaine d'application ne tient pas compte des dispositions particulières inhérentes à la cure psychanalytique et au premier rang d'entre elles, du maniement des manifestations de transfert. Si un psychanalyste peut transférer des attentes inconscientes sur une œuvre qu'il étudie, il est difficile d'affirmer que la réciproque est vraie et que l'œuvre transfert sur le lecteur. Pourtant, l'auteur, au moment de sa conception, a bien effectué ce transfert indissociable de toute écriture. On écrit toujours pour quelqu'un, ne serait ce que pour l'autre qui est en soi et qui pousse à la création. Ainsi toute œuvre est-elle nécessairement sous-tendue par un motif transférentiel dont on peut sinon essayer de reconstruire l'origine et la finalité, du moins accepter l'existence. Une deuxième difficulté se dresse alors. Rappelons que pour la psychanalyse appliquée à la culture, tout objet, qu'il soit discours, écriture, production artistique ou théorie scientifique peut être considéré comme une production apparente dont il est possible d'extraire un contenu inconscient. Originairement en psychanalyse, cette distinction est applicable aux productions de l'esprit tels les rêves, les lapsus ou les symptômes. C'est-à-dire des formations de compromis entre des motions de désir inconscient et la censure du moi. Elles sont ainsi inintelligibles pour le sujet. Au contraire, une œuvre scientifique obéit à une élaboration théorique consciente, méthodique et réflexive. Celle-ci ne peut donc être considérée comme une formation de compromis étrangère à la conscience et inintelligible. Très souvent, les scientifiques ont une vision claire de leurs processus internes de recherche. Darwin a ainsi clairement analysé au soir de sa vie le cheminement de sa pensée scientifique. Cependant la rationalité apparente d'une œuvre scientifique n'empêche en aucune manière que la problématique, le choix des objets, le style de la recherche, le choix des méthodes, brefs tous les constituants d'une œuvre scientifique, ne soient *aussi* déterminés par un monde de fantasmes, de désirs et d'angoisses échappant à la vie consciente du scientifique.

Il n'est donc pas illégitime d'étendre à un texte scientifique les mêmes méthodes qui ont porté leurs fruits dans l'analyse des œuvres d'art[15] au travers de la recherche des fantasmes inconscients qui guident le travail de l'artiste[16]. La psychanalyse appliquée aux œuvres d'arts permet en effet souvent de découvrir les idéaux inconscients de l'artiste. Ces idéaux apparaissent alors comme des objets de perspective de la création. Ce sont ces objets du désir inconscient qui balisent la trajectoire de réalisation. De façon remarquable, cette trajectoire s'apparente, selon Guy Rosolato, à une sorte d'oscillation entre des processus métaphoriques et des processus métonymiques. À titre d'exemple, le passage de la peinture figurative à la peinture abstraite chez Kandinsky constitue une application éclairante de ce principe. Les premiers tableaux figuratifs de Kandinsky peuvent être considérés comme des œuvres figuratives métonymiques – quelque chose de l'objet réel passe dans la représentation (contours de formes, couleurs, etc.) – puis après une oscillation autour de la représentation du cheval (signifiant paternel comme en témoignent les souvenirs d'enfance de Kandinsky), se produit le déploiement de la métaphore avec la naissance des œuvres abstraites[17]. De la même façon que l'analyse psychanalytique d'une œuvre d'art ne la réduit pas à un ensemble de fantasmes individuels et n'altère en aucune manière sa force

15. Eissler dans son étude sur Léonard de Vinci explicite ainsi l'application de la méthode analytique à une œuvre : « ... Si, dans l'ensemble des propos d'une page ou d'un ensemble de pages, un sujet ou une remarque paraissent étrangers à cet ensemble, il nous faut, alors, rechercher - même si les relations de ressemblance, opposition, succession et coexistence sont présentes - une connexion émotionnelle inconsciente, significative, pertinente en termes de structure et de développement. Il suffit de dire qu'elle (cette règle méthodologique) est intimement liée à la loi de l'association libre de Freud, et que je considère l'une comme la conséquence de l'autre. » Eissler K.R., *Léonard de Vinci, Étude psychanalytique*, 1961, édition française, 1980, p. 109.

16. « [...] Les incitations mentales de l'œuvre d'art [...] agissent grâce à un mécanisme spécifique que je nomme l'oscillation métaphoro-métonymique où la conscience et l'analyse des formes et des pensées conduit à une cogérence métonymique sur laquelle se greffent des métaphores par des évocations nourries de souvenirs personnels, intimes, chers ou douloureux, et ceci dans une sommation, un jeu renouvelé de retours et de renvois, d'oscillations qui produisent la jubilation esthétique. » Rosolato G., *Essais sur le Symbolique*, 1964, p 21.

17. Cette rupture s'est produite de façon brutale chez Kandinsky après avoir vu par hasard un de ses tableaux à l'envers. Il est également remarquable de voir dans sa peinture, à la fin de son œuvre, l'apparition de formes biomorphes comme si elles témoignaient, au-delà de l'abstraction, d'un retour formel à des intuitions phylogénétiques. Cf. Kandinsky W. *Regards sur le passé et autres textes, 1912-1922*, 1974.

esthétique, une exploration psychanalytique d'une œuvre scientifique n'abaisse en rien la méthodologie qui a présidé à son élaboration et n'infirme évidemment pas sa véracité. Nous reprendrons ici volontiers à notre compte l'argumentation de Jean Lassègue dans son livre sur la vie et l'œuvre du mathématicien Alan Turing :

> « Un scientifique sera sans doute choqué par le type d'analyse que j'ai proposé concernant le rôle symbolique des métaphores comme témoins des motivations de Turing. [...]Il pourrait dire que je manque de respect à la science et qu'introduire des considérations de nature psychologique n'ont pas d'autre but que de minimiser ou même saper la valeur de la science en portant atteinte à son aspect conceptuel. Je répondrais que telle n'est pas mon intention parce *qu'il vaut mieux savoir où se situent les fantasmes personnels d'un créateur pour éviter d'en être dupe.*[18] »

En conséquence, nous considérerons dans cet essai qu'il est possible d'interpréter les observations, les notes, les thèmes et les conclusions de recherche de Darwin *aussi* comme des déguisements symboliques de fantasmes inconscients et ainsi dans le cadre de cet essai, de mettre hors jeu la réalité scientifique de l'œuvre. Nous considérons cette forme d'*époché* méthodologique comme une *clôture informationnelle de l'œuvre sur la réalité psychique* nécessaire à l'exploration des fantasmes inconscients sous-jacents à l'énoncé de l'œuvre. Ce procédé entraîne un usage intensif des correspondances symboliques qui peuvent paraître arbitraires. Pour prendre un exemple, un des travaux de biologie les plus importants de Darwin concerne la sous-classe des Cirripèdes. Ces organismes présentent la particularité de se reproduire de façon tout à fait particulière. En effet, à un certain stade du développement de ces organismes, le mâle vit en parasite à l'intérieur de la femelle. Il serait facile d'interpréter ce choix d'objet d'étude de Darwin comme étant lié à une obscure théorie sexuelle infantile. Un tel raccourci peut susciter un agacement légitime de la part des scientifiques. De plus, une telle interprétation isolée laisserait de côté le rôle réel de ce travail de zoologie systématique dans l'élaboration de la théorie de la sélection naturelle. Par contre, quand on insère ce type

18. Souligné par nous. Lassègue J., *Turing*, 1998.

d'interprétation dans une série plus vaste d'interprétations portant sur le sens caché des travaux et qu'on l'associe à des éléments biographiques de Darwin, elle perd son caractère arbitraire pour devenir un élément significatif de la construction d'ensemble. Nous invitons donc le lecteur à tolérer notre choix méthodologique et à attendre pour juger de ses résultats, la fin de notre construction interprétative sur la genèse psychologique de l'œuvre de Darwin.

Les deux premiers chapitres de cet ouvrage sont des présentations synthétiques respectivement de la vie et de l'œuvre scientifique de Charles Darwin. Ils visent à fournir au lecteur la connaissance des événements et des faits nécessaires et suffisants à la réalisation de notre projet. Bien entendu, ils ne peuvent prétendre décrire l'ensemble des péripéties de la vie de Darwin, ni toutes les facettes de son œuvre gigantesque. Ils doivent beaucoup, non seulement à la lecture de livres de Darwin, maintenant tous assez aisément disponibles y compris en langue française[19], mais aussi à la lecture des nombreux biographes, historiens de la biologie et épistémologistes et en particulier : J.F. Sulloway, E. Mayr, J.P. Bowler, pour les auteurs de langue anglaise et P. Tort, A. Pichot, C. Lenay pour les auteurs de langue française. Les deux chapitres suivants (le troisième et le quatrième) sont de nature essentiellement psychobiographiques et ont pour objet l'analyse psychologique de l'autobiographie de Darwin. Écrite dans un style limpide au soir de la vie, celle-ci est un chef d'œuvre du genre. Elle mêle le détachement amusé d'un homme âgé sur les circonstances de sa vie scientifique avec de nombreux souvenirs d'enfance. Ces souvenirs sont remarquables par la lumière qu'ils jettent *a posteriori* sur l'ensemble des intérêts scientifiques et des choix intellectuels de l'homme mûr[20]. Ces chapitres doivent beaucoup aux très nombreuses biographies existantes et en particulier celle de Sir Gavin de

19. À l'exception notoire de l'ouvrage sur *La Descendance de l'homme*, pour lequel nous avons utilisé l'édition anglaise, mais qui va être prochainement édité en français par Patrick Tort.

20. Nous utiliserons l'édition anglaise, *The autobiography of Charles Darwin*, 1887, edited by Nora Barlow, 1958, Norton & Company, 2e éd. 1993, et sa version française (moins complète), *Darwin, la vie d'un naturaliste à l'époque victorienne*, Paris, Belin, 1985.

Beer[21] et celle écrite par le psychanalyste John Bowlby[22]. Celui-ci a présenté une interprétation psychologique de la célèbre maladie chronique de Darwin qui comportait des troubles digestifs, des palpitations cardiaques et une grande fatigue. Selon lui, ces symptômes se rattachent principalement aux conséquences de la perte de sa mère alors que le jeune Charles n'avait que sept ans. Par contre, Bowlby n'a pas abordé, ou de façon très tangentielle, la question des rapports entre la personnalité et la vie de Darwin et le *contenu* de ses grandes découvertes. Pourtant, il n'y a aucune raison pour qu'une interprétation psychobiographique s'arrête à un symptôme psychosomatique, dont l'existence est d'ailleurs controversé, sans insérer celui-ci dans le cadre général de la vie psychique de Darwin à l'intérieur duquel le contenu thématique de son œuvre théorique constitue un élément incontournable.

C'est dans la perspective de rechercher les liens entre les circonstances biographiques et le contenu théorique de l'œuvre que nous tenterons dans les cinquième, sixième et septième chapitres, une lecture psychanalytique du récit du voyage de Darwin autour du monde. Le journal du voyage du jeune naturaliste à bord du *Beagle*[23] contient, sous une forme narrative, une somme d'observations qui seront les sources vives dans lesquelles il puisera sans cesse pour étayer les fondements de sa théorie. En accord avec notre choix méthodologique, nous considérerons ce récit comme un voyage initiatique sur la scène des objets internes de l'inconscient et dont la signification symbolique a créé les conditions psychologiques nécessaires à l'émergence de la théorie de l'origine des espèces.

Les trois derniers chapitres de cet ouvrage seront consacrés à l'étude des prolongements possibles de notre construction dans trois domaines : en anthropologie, où nous défendrons l'idée que la théorie darwinienne du continuum évolutif entre nature

21. Sir Gavin de Beer, *Charles Darwin, A Scientific Biography*, 1963.
22. Bowlby J., *Darwin, une nouvelle biographie*, 1990 , édition française, 1995.
23. Darwin C., *Voyage d'un naturaliste autour du monde*, en deux tomes, édition La Découverte, Maspero, Paris, 1982, traduction de *Narrative of the Surveying Voyages of His Majesty's Ships Adventure and Beagle, between the Years 1826 and 1836, Describing their Examination of the Southern Shores of South America, and the Beagle's Circumnavigation of the Globe* (1839).

et culture cache le refoulé d'un meurtre symbolique, en épistémologie de la biologie, où nous essaierons de montrer que la rationalité de la pensée darwinienne cache le refoulé de la fonction sémiotique particulière des formes de la nature, enfin dans le champ générale de la sublimation où la genèse psychologique de l'œuvre de Darwin nous invite à penser que la sublimation est intrinsèquement liée à la dialectique particulière entre forme et structure.

Chapitre I

Les années de formation

Charles Darwin naît le 12 février 1809 à Shrewsbury, dans le Shropshire, comté anglais longeant le pays de Galles. Il est le cinquième enfant d'une famille de six et le second garçon de la fratrie. Son père, Robert Darwin, médecin, est le fils d'Erasmus Darwin, célèbre en son temps pour ses travaux éclectiques touchant aussi bien la poésie que les sciences naturelles. Sa mère, Susannah, est la fille de Josiah Wedgwood, grand entrepreneur de la révolution industrielle aux idées libérales et progressistes. En 1817, alors que le jeune Darwin approchait de ses huit ans, Susannah meurt des suites d'une longue maladie. Après la mort de sa mère, Charles est élevé par sa sœur aînée Caroline jusqu'à son entrée à l'école. Très jeune, il se passionne pour les collections d'objets naturels, s'essaye aux expériences de chimie avec son frère aîné et aime les longues promenades solitaires dans la nature. Après des études secondaires sans éclat à Shrewsbury, il entre à l'université d'Édimbourg en octobre 1825 pour devenir médecin, suivant en cela le désir de son père.

Cependant, les études de médecine ne suscitent pas grand enthousiasme de la part de Charles. Sa participation à une opération chirurgicale réalisée sans anesthésie sur un enfant le dégoûte définitivement de la carrière médicale. Devant ces résultats médiocres, Robert Darwin envoie son fils à Cambridge afin que celui-ci devienne pasteur. Charles passe alors la plus grande partie de ces années de formation à chasser, à collecter des spécimens et à discuter de sciences naturelles avec de jeunes étudiants réunis autour d'un professeur de botanique, John Stevens Henslow. En 1831, ce professeur est pressenti pour participer en tant que naturaliste à une expédition maritime chargée de faire des relevés géographiques autour du globe. Reculant devant les difficultés qu'un si long voyage entraînerait dans sa vie privée, il propose au jeune Darwin de partir à sa place. Celui-ci accepte aussitôt, comptant obtenir l'approbation de son père. Inquiet et décontenancé par cette demande, Robert Darwin exige de son fils de lui présenter quelqu'un dont l'avis est de poids et qui serait en mesure d'intercéder en faveur d'une telle aventure. Charles va alors demander à Josiah Wedgwood, son oncle maternel de convaincre son père de l'opportunité d'un tel projet. Mis en confiance par le père de son épouse, Robert Darwin accepte alors et accorde à Charles l'autorisation de partir à Davenport rejoindre l'expédition.

Le départ de *His Majesty's Ship Beagle*, brick spécialement conçu pour des missions exploratoires de longue durée[1] fut de nombreuses fois reporté pour des raisons météorologiques. Dans l'attente du départ, Darwin subit à bord des crises de doute et d'angoisse très violents. Après avoir quitté les côtes d'Angleterre, l'expédition double Ténériffe sans s'y arrêter, suspectant une épidémie de choléra[2]. Elle relâche dans les îles du Cap-Vert, puis franchit l'Atlantique après une courte escale sur l'îlot de Saint-Paul et atteint le Brésil. Pendant deux ans, le *Beagle* réalise une partie essentielle de sa mission en relevant les côtes du continent au sud du Rio de la Plata. Darwin recueille alors un grand nombre d'observations, autant sur la faune et la flore que sur les mœurs des habitants, les habitudes politiques locales et la vie des Indiens. Il partage avec plaisir la vie au grand air des Gauchos et fait avec eux de grandes chevauchées dans la

1. Le *Beagle* était commandé par le commandant Fritz-Roy. Celui-ci féru de psychomorphologie avait estimé dès le premier entretien que la forme du nez de Darwin dénotait la faiblesse de son caractère ! Finalement, les deux hommes s'entendirent bien et Darwin sut gérer les colères homériques d'une personnalité anormalement sensitive. Longtemps après Fritz-Roy se suicidera après avoir rejeté les thèses de Darwin sur l'évolution des espèces.

2. Le récit de Darwin ne suit pas une chronologie rigoureuse. De nombreuses chronologies du voyage du *Beagle*, pas toujours convergentes, ont donc été proposées par les historiens. Nos principales sources sont le texte de l'édition française du *Voyage d'un naturaliste autour du monde* (*op. cit.*) et l'article du *Dictionnaire du darwinisme et de l'évolution* sous la direction de Patrick Tort (1996) qui présente une chronologie détaillée à laquelle nous renvoyons le lecteur désireux de précisions historiques et géographiques.

Pampa. En 1834, le *Beagle* longe les côtes de la Terre de Feu, gagne les Malouines (Falkland) puis pénètre dans le Pacifique par le détroit de Magellan (canal Cockburn). Le *Beagle* remonte ensuite les côtes du Chili et jette l'ancre à Valparaiso au mois de juillet. Darwin réalise alors une grande excursion au pied des Andes. Le *Beagle* appareille en novembre pour une série d'explorations de l'Archipel des Chonos, sur la côte sud du Chili et relâche sur l'île de Chiloé dans la baie de San Carlos après que Darwin eut assisté à une grandiose éruption du volcan d'Osorno.

En février, Darwin est à Valdivia où il ressent les secousses d'un tremblement de terre dont l'épicentre est probablement proche de la ville de Concepción. Il visite les ruines de la ville dévastée avant de partir pour Santiago, point de départ d'une seconde grande expédition au travers des Andes. Après une dernière excursion dans la Cordillère en juin, Darwin retrouve le *Beagle* pour remonter jusqu'à Lima, au Pérou, où il reste durant l'été avant d'appareiller pour les îles Galápagos. Darwin réalise alors des observations qui s'avérèrent décisives pour la future théorie de l'évolution, en particulier en relevant la forme des becs de différentes espèces de pinsons vivant dans les îles de l'Archipel.

Repartant dans le Pacifique, le *Beagle* atteint l'Archipel Dangereux (Low Islands), archipel d'îles de corail, puis Tahiti, où il réalise l'ascension du sommet le plus élevé de l'île. La traversée du Pacifique le conduit de la Nouvelle-Zélande en Australie (Sydney) puis en Tasmanie. Après une dernière escale au sud-ouest du continent australien, le *Beagle* file jusqu'au cap de Bonne-Espérance. L'escale à l'île Keeling, située dans l'océan Indien au sud de Sumatra, offre à Darwin l'occasion de nouvelles observations sur la genèse des atolls coralliens. Après un arrêt à l'île de Saint Hélène, le *Beagle* traverse ensuite à nouveau l'Atlantique pour retrouver les rivages du Brésil que Darwin avait découvert quatre ans auparavant. Le 2 octobre 1836, le *Beagle* termine son voyage à Falmouth après une interminable remontée de l'Atlantique entrecoupée d'escales techniques au Cap-Vert et aux Açores.

De retour en Angleterre, il se marie en 1839 avec sa cousine Emma Wedgwood. Le jeune couple s'installe à Down dans la campagne anglaise près de Londres. Les biographes de Darwin insistent sur le fait que son mariage semble être davantage le résultat de calculs rationnels sur les intérêts du mariage que le fruit de la passion. Le couple resta uni malgré les dissensions concernant les orientations agnostiques de Darwin. Ses idées évolutionnistes inquiétèrent en effet beaucoup Emma qui y vit une atteinte au dogme de la création divine. Les rares indications sur sa vie quotidienne à Down House nous apprennent que ses plaisirs, autres que scientifiques, consistent à se promener dans la campagne anglaise. L'autobiographie de Darwin révèle qu'il est singulièrement malhabile au chant tout en appréciant la musique jouée par Emma au piano chaque soir.

Darwin relate que son goût pour les beaux-arts et la littérature s'est lentement modifié au cours de sa vie s'atténuant fortement au fur et à mesure de l'avancée de sa compréhension du phénomène de l'évolution. Cette remarque de Darwin est d'une grande importance. Elle relie, dans un rapport inversé, l'attraction pour le plaisir esthétique et la compréhension scientifique de l'évolution. Vers la fin de sa vie, Darwin confie qu'il est devenu totalement insensible à la beauté artistique et que son seul plaisir littéraire consiste à écouter la lecture à haute voix de romans à l'eau de rose dont l'histoire devait comporter des jeunes femmes et bien se terminer.

À l'abri des soucis financiers grâce à la fortune de sa femme et la rente allouée par son père, ce sont ses graves ennuis chroniques de santé et la mort de ses proches qui assombrissent véritablement sa vie. La perte d'Annie, sa fille aînée, à l'âge de 9 ans, l'ébranle douloureusement et le plonge dans un difficile travail de deuil. Le couple perdit également plusieurs enfants en bas âges. Deux de ses oncles sont également morts prématurément. L'un, Erasmus II, s'est suicidé à la suite d'une dépression le jour de ses quarante ans, en 1799, l'autre Charles, étudiant en médecine, est mort dans des circonstances étranges. Lors de la dissection du cadavre d'un enfant, il se coupe le doigt et meurt des suites infectieuses de cette blessure, en 1778. Darwin a été prénommé Charles en souvenir de cet oncle, et comme lui il fera ses études de médecine à Édimbourg. Un fait étrange nous invite à penser que cet homme a eu une certaine importance pour Darwin. On retrouvera après la mort de Darwin, dans les affaires intimes qu'il laissa, une petite croix faite en herbes tressées ramassée sur la tombe de cet oncle. En 1858, un des fils de Darwin, nommé aussi Charles, meurt à 18 mois. La vie de Darwin est donc encadrée entre deux morts prénommés Charles, celle de son oncle et celle de l'un de ses fils.

Menant une vie tranquille de notable campagnard à Down, ses rares voyages se réduisent à des séjours balnéaires pour rétablir périodiquement sa santé chancelante et à quelques voyages d'études en Grande-Bretagne. Lors d'un voyage en Écosse, il examine les célèbres terrasses géologiques de Glen Roy. Ces mystérieuses traces parallèles formant comme des routes sont situées sur les flancs d'une vallée et étaient considérées comme des traces laissées par d'anciennes plages d'un lac existant lors des temps géologiques et qui se serait vidé par étapes successives. Or, lors de son voyage autour du monde, Darwin, avait rencontré au Chili des terrasses équivalentes laissées par les modifications de la hauteur des océans. Le fait était attesté par la présence de coquillages fossiles sur les plages. Faute d'autres hypothèses plausibles, il postule que les routes de Glen Roy ont une origine identique à celles du Chili et sont donc les vestiges de la surrection de l'Écosse malgré l'absence de tout fossile marin. Contrecarrant Darwin, le géologue et paléontologue suisse Louis Agassiz (1780-1873) démontrera plus tard que ces routes étaient bien les terrasses d'un ancien lac glaciaire[3]. Dans son autobiographie, Darwin parle de la honte ressentie devant cet échec qui lui apprit à ne jamais se fier au principe d'exclusion en science[4]. Il est en effet toujours possible qu'une hypothèse imprévue se révèle finalement exacte.

Comme tout savant, Darwin n'échappa pas aux controverses de la vie scientifique. Celle qui l'opposa à Samuel Butler (1835-1902) écrivain, peintre et musicien renommé, fut l'une des plus difficiles. Le père de Butler était parti en Nouvelle-Zélande comme éleveur de moutons mais avait pu assurer auparavant à

3. Cf. L'article de D. Goujet « Géologie » du *Dictionnaire du darwinisme et de l'évolution, (op. cit.)* 1996, p. 1893.
4. Darwin C., *Autobiographie*, 1985, p. 69.

son fils une éducation classique à Shrewsbury et à St John College. Quand Samuel Butler lit *L'Origine des espèces*, il est enthousiasmé par la nouveauté révolutionnaire de l'ouvrage qui bouscule le dogme de la création divine des espèces. Cependant, il est progressivement déçu par la thèse que défend Darwin. Il finit par penser qu'elle peut servir insidieusement un dogmatisme scientifique qui viendrait se substituer au dogmatisme religieux. Samuel Butler avait connaissance des travaux antérieurs des naturalistes qui avaient frayé avec les idées transformistes et il accusa brutalement Darwin d'avoir exploité ces sources sans y faire explicitement référence ; bref, de n'avoir été qu'un plagiaire indélicat. Or, le principal auteur que Butler dit avoir été plagié n'est autre qu'Erasmus Darwin, le propre grand-père de Charles Darwin. Celui-ci avait publié en 1801 un célèbre ouvrage *Zoonomia* avançant l'idée d'une évolution des espèces[5] sous une forme spéculative et poétique. Darwin, qui ne connaît son illustre grand-père que par la lecture de ses ouvrages, a néanmoins intitulé un de ses carnets *Zoomania* en référence évidente à l'ouvrage de son grand-père. De plus, en 1879, il écrivit un hommage à son grand-père, Erasmus Darwin, où il est fait mention de la transmission des qualités de son grand-père à sa descendance[6]. Cependant il est vrai que le texte de la première édition de *L'Origine des espèces*, ne fait référence à aucun précurseur de la théorie de l'évolution. Butler argumenta que la formation intellectuelle de Charles Darwin doit tout autant à la connaissance des travaux de son grand-père qu'à l'influence des idées évolutionnistes présentes dans l'air du temps.

Selon Butler, le récit par Darwin de sa propre découverte s'apparente ainsi à un véritable mythe destiné à le glorifier et à cacher les sources véritables de son inspiration. Les biographes de Darwin ont rétabli la vérité des choses et ont montré en particulier que la date de publication de la première version de *L'Origine des espèces* a obéi, ainsi que l'a affirmé Darwin lui-même, à une sorte de logique de l'urgence du fait de la course à la priorité sur la découverte du principe de l'évolution des espèces engagée avec le naturaliste Alfred Russel Wallace (1823-

5. Darwin E., *Zoonomia, or the Laws of Organic Life*, 1801, p. 200-201.
6. Cf. Darwin C., *Erasmus Darwin*, 1879, 1993, p. 495.

1913). Il n'a pu ainsi laisser place à une présentation des travaux de ces prédécesseurs, dont son propre grand-père. Cela paraît très compréhensible, mais nous considérerons cependant pour notre part comme un fait psychologiquement important cette situation étrange où le petit-fils parvient à établir par un minutieux et monumental travail scientifique la même thèse que son grand-père avait lancé dans une intuition aussi géniale que fugace.

Chapitre II

L'œuvre scientifique

L'Origine des espèces

Dès son retour en Angleterre, Darwin commence par publier des articles de géologie et de botanique, ainsi que le récit du voyage du *Beagle* qui a un grand retentissement à sa parution en 1839. La première grande publication scientifique est d'ordre géologique et concerne la structure des récifs de corail (1842) suivie, quatre ans plus tard, par un article sur la géologie de l'Amérique du Sud. Cependant durant le mois d'octobre 1838, Darwin rencontre par hasard le livre de Malthus, *Essai sur le principe de population*[1] qui avance la thèse que la lutte pour la vie contrôle le développement des populations humaines. Cette lecture fait chez Darwin l'effet d'une révélation. Il comprend alors que cette lutte pour la vie peut aussi expliquer la sélection naturelle des espèces et rendre compte du processus central de l'évolution des espèces dont il a commencé à suspecter l'existence au cours du voyage du *Beagle*. En 1842, il commence par rédiger une esquisse de sa théorie de la sélection naturelle en une trentaine de pages, puis la complète deux ans plus tard dans un manuscrit de deux cent pages qu'il ne chercha pas encore à publier, redoutant l'accueil qui pourrait être réservé à une telle thèse[2]. Afin de se faire reconnaître comme biologiste, il entreprend alors une monumentale monographie sur un groupe

1. Malthus T. R., *Essai sur le principe de population*, édition originale, Londres, 1798, édition française, 1980.
2. Darwin C., *Ébauche de l'origine des espèces*, édition originale, 1842, édition française, 1999.

d'invertébrés, les Cirripèdes, qui paraît en deux volumes, en 1851 et 1854[3]. Ce n'est donc que tardivement, au regard du retour du *Beagle*, que la thèse centrale de l'évolution des espèces, est rapportée de façon explicite avec la publication de *L'Origine des Espèces* en 1859.

Quatre grandes catégories de phénomènes biologiques ont retenu l'attention de Darwin lors du voyage du *Beagle*. Le premier concerne la parenté anatomique étroite entre les mammifères terrestres du passé (fossiles) et les mammifères actuels du continent sud-américain. Au cours de ses excursions dans la Pampa argentine, Darwin a été intrigué par la découverte d'ossements fossiles appartenant visiblement à un animal de grande taille mais de forme assez semblable au tatou de Patagonie. À son retour en Angleterre, il montre ces ossements à Richard Owen qui faisait autorité en matière de paléontologie. Celui-ci lui confirme l'étonnante ressemblance de ce spécimen fossilisé avec les actuels tatous. Le second concerne la manière dont les espèces en étroite parenté se remplacent les unes les autres sur le terrain lorsque l'une émigre d'une zone vers une autre. Le troisième fait a trait au caractère surprenant des organismes des îles Galápagos. Il récolte des spécimens de pinsons dont les formes étaient suffisamment semblables pour que Darwin ait pensé qu'il s'agissait de variétés d'une même espèce (cf. Figure 1). Cependant en montrant les oiseaux à son retour à

Fig. 1 Variation des becs des pinsons des Galapagos

3. Darwin C. A *Monograph of the Subclass Cirripedia, with Figures of All the Species*, 1851-1854.

l'ornithologue John Gould, celui-ci les classe en treize espèces différentes. Selon la nature de l'alimentation de ces pinsons, la morphologie de leurs becs variait. Les oiseaux cherchant leur nourriture dans le sol possédaient un bec plus gros et ceux qui restaient dans les arbres avaient un bec plus petit. De plus, Gould attira l'attention de Darwin sur l'étonnante proximité de ces oiseaux avec ceux vivant en Amérique.

Darwin échafaude alors un premier scénario de l'évolution. Dans des temps reculés, un petit groupe de pinsons se serait éloigné des côtes américaines et se serait installé sur une première île des Galápagos. Puis certains de ces premiers occupants auraient migré vers une autre île de l'archipel. Ils auraient alors été soumis à des conditions différentes de relief et de végétation et évolué de façon à être adaptés au nouveau milieu. Le même processus se serait répété sur d'autres îles aboutissant à la formation de treize espèces distinctes. Les conditions géographiques jouent ainsi un rôle majeur. Elles sont directement impliquées dans le second fait important que Darwin met en avant dans *L'Origine des espèces*, à savoir le rapport entre les barrières géographiques qui limitent les migrations des espèces et les différences existantes entre elles[4] :

> « C'est ainsi que les barrières, en mettant obstacle aux migrations, jouent un rôle important, tout comme le temps, dans le lent procès de modification par la sélection naturelle. Les espèces très répandues, comprenant de nombreux individus, qui ont déjà triomphé de beaucoup de concurrents dans leurs vastes habitats, sont aussi celles qui ont le plus de chances de s'emparer de places nouvelles, lorsqu'elles se répandent dans de nouvelles régions. Soumises dans leur nouvelle patrie à de nouvelles conditions, elles doivent fréquemment subir des modifications et des perfectionnements ultérieurs ; il en résulte qu'elles doivent remporter de nouvelles victoires et produire des groupes de descendants modifiés.[5] »

Pour Ernst Mayr, la structure argumentaire de *L'Origine des espèces* se compose de cinq faits majeurs et de trois inférences[6]. Le premier fait est que les espèces ont un potentiel reproducteur

4. Darwin C., *L'Origine des espèces*, édition originale, 1859, édition française, 1992, p. 404.
5. *Ibid.* p.408.
6. Mayr, E., *Histoire de la biologie*, édition originale, 1982, édition française, 1989.

si grand que leur population s'accroîtrait de façon exponentielle si tous les individus pouvaient à leur tour se reproduire. Ce constat est évident dès lors que l'on imagine par exemple une île où quelques couples de lapins en se reproduisant généreraient des descendants qui en se croisant entre eux se multiplieraient selon une véritable progression exponentielle. Or, justement et c'est là le deuxième fait, les populations sont normalement stables et ne s'accroissent pas de la façon attendue (en faisant abstraction bien entendu des fluctuations saisonnières ou occasionnelles). De plus, troisième fait, les ressources naturelles sont limitées. Dans un environnement stable, ces ressources restent constantes. L'inférence réunissant ces trois faits peut alors se construire de la façon suivante. S'il naît plus d'individus que ne peuvent en nourrir les ressources, et que la taille de la population reste stable, alors il doit exister une lutte pour l'existence entre individus d'une même population de telle façon que seule survive une partie d'entre eux à chaque génération. Or, si l'on combine ces faits avec d'autres faits concernant la variabilité des individus (il n'existe pas deux individus identiques) et son héritabilité (beaucoup de ces variations peuvent être héritées), les deux dernières inférences majeures découlent alors naturellement. Selon la première, la survie, à l'issue de la lutte pour l'existence, n'est pas due au hasard mais dépend, en grande partie, de la constitution héréditaire des individus qui survivent et donc de la sélection des caractères les plus adaptés au milieu. La deuxième inférence conclut sur l'origine des espèces. Au cours des générations successives, le processus de sélection naturelle conduit à une évolution graduelle des populations et à la production d'une nouvelle espèce[7].

Bien que remarquablement charpentée, cette thèse présente des objections auxquelles Darwin a répondu dans le corps même de l'ouvrage. La première objection est celle de l'absence de formes d'espèces intermédiaires qui attesteraient de la variation continue des espèces. Darwin répond à la célèbre objection du chaînon manquant[8] en évoquant le manque de fossiles permet-

---

7. Mayr E., *Histoire de la Biologie*, édition originale, 1982, édition française, 1989, p. 641.
8. Cf. sur ce fameux thème, le très beau petit livre de Beer G., *La quête du chaînon manquant, aventures interdisciplinaires*, 1992, 1995.

tant de retrouver trace de l'existence de ces formes intermédiaires[9]. Pour expliquer cette absence[10], Darwin met en avant l'insuffisance des documents géologiques : « Les archives géologiques sont ainsi nécessairement intermittentes[11] ». Darwin va jusqu'à écrire : « On peut presque dire que la nature veille à éviter de fréquentes découvertes de ses formes ou chaînons transitionnels[12] ». La seconde difficulté est celle de l'instinct et de son évolution[13]. De nombreuses pages de *L'Origine des espèces* ont pour objectif de neutraliser l'argument selon lequel des comportements aussi ingénieux que l'esclavagisme des fourmis et les constructions parfaitement géométriques des abeilles ne peuvent être issus de solutions apparues par hasard. Darwin montre que la complexité apparente peut toujours être expliquée en faisant recours à la sélection des caractères avantageux. Une difficulté plus sérieuse a trait à la question des hybrides. Elle se pose sous l'apparence d'une difficulté logique. Si on admet comme prémisse que les variétés sont en réalité des espèces en devenir, comment se fait-il que les hybrides soient stériles alors que les descendants des variétés sont inter-féconds ? Darwin répond à cette très sérieuse objection en montrant les difficultés potentielles de reproduction entre hybrides dues, en autres, à la morphologie des appareils de reproduction. Il reste enfin une objection importante à laquelle Darwin consacre un chapitre entier de *L'Origine des espèces*. L'évolution des espèces ne peut se réaliser qu'à l'échelle des temps géologiques, c'est-à-dire de durées tellement longues qu'elles sont en dehors de toute intuition. Le lecteur de *L'Origine* doit donc accepter l'idée de l'existence de durées gigantesques pour faire sienne la thèse de Darwin. En l'absence de toute connaissance du niveau génétique, les vecteurs réels permettant les variations et la transmission des caractères

9. Darwin C., *L'Origine des espèces*, Paris, Flammarion, 1992, p. 336.
10. Absence relative puisque, par exemple, la découverte du *Cœlacanthe* a lié certaines formes purement marines aux premiers tétrapodes.
11. *Ibid.* p. 346.
12. *Ibid.* p. 346.
13. Le texte complet du chapitre sur l'instinct, qui a du être raccourci dans la première édition de *L'Origine des espèces*, a été récemment publié en français. Cf. Darwin C., « Essai posthume sur l'instinct », traduit de l'anglais par Lauraine Jungelson dans *Pour Darwin*, sous la direction de Patrick Tort, Paris, PUF, 1997, p. 248-274.

restent à l'époque pourtant bien mystérieux. En 1868, Darwin postule alors l'existence de gemmules sécrétées par toutes les parties du corps et qui sont ensuite véhiculées par le sang jusqu'au sperme chez le mâle et aux ovules chez la femelle. Cette théorie de la pangenèse, avancée dans les deux volumes d'un gros travail sur les variations des espèces, est très mal acceptée, y compris par nombre d'amis fidèles, et sera progressivement invalidée. Darwin persistera néanmoins à penser que cette théorie de la pangenèse contient quelque « vérité profonde[14] ».

Dès sa publication, *L'Origine des espèces* soulève des mouvements passionnels et Darwin est vigoureusement attaqué par les créationnistes[15]. Entouré de nombreux et talentueux partisans[16], il réussit cependant à faire face bien que ces attaques l'aient blessé profondément. Mais de façon générale et finalement assez rapide, du moins en regard de la temporalité de l'histoire des idées, l'évolution des espèces finit par s'imposer dans le monde scientifique. La thèse de Darwin suscite encore bien aujourd'hui des controverses, non seulement chez les rares partisans d'un retour au créationnisme mais aussi au sein des biologistes. Un des axes critiques concerne la notion de hasard et tente de montrer qu'elle ne peut expliquer la finesse des structures ou des comportements animaux. Ces arguments peuvent être illustrés par les commentaires de Jean-Henri Fabre, à la suite notamment de ses observations sur l'ammophile hérissée. Cet hyménoptère paralyse les chenilles qu'il chasse pour les accumuler dans sa galerie et y pondre ses œufs. L'ammophile paralyse sans tuer, car le garde-manger de ses propres larves ne doit pas s'avarier. Il perce alors de son dard chacun des neuf ganglions nerveux répartis dans les anneaux de la chenille. L'insecte vise vite et juste, comme s'il connaissait précisément l'anatomie de la larve. Fabre a refusé d'expliquer ce savoir-faire extraordinaire et inné par la sélection naturelle « d'une habitude acquise au hasard ». Il écrit ainsi : « Ma foi est très ébranlée en une habitude acquise par cette

14. Darwin C., *The Life and Letters of Charles Darwin*, vol. III, p. 78. Cité d'après Bowlby J. *Darwin, une nouvelle biographie*, 1995.
15. Partisans de la théorie de la création séparée de chaque espèce par Dieu. Selon cette thèse, les différentes espèces ont été voulues par Dieu et leur étude permet de connaître son plan de création.
16. Dont Thomas Huxley qui fut un des plus fervents partisans de Darwin.

longue répétition de faits dont un seul, pour se produire, doit exclure tant de chances contraires. Deux lignes de calcul démontreraient à quelles absurdités la théorie se heurte [17] ».

Une autre critique fréquente à l'encontre de la thèse de la sélection naturelle porte sur le fait qu'elle semble reposer sur un raisonnement circulaire. C. H. Waddington (1905-1975) a souligné ainsi l'apparente tautologie qui assimile la fécondité et la sélection naturelle : « Le principe général de sélection naturelle en fait équivaut simplement à dire que les individus qui laissent le plus de descendance sont ceux qui laissent le plus de descendance. C'est une tautologie.[18] ». Le darwinisme souffrirait en quelque sorte d'un défaut logique constitutionnel. Cette critique portant sur l'inconsistance logique du darwinisme a pourtant été discutée et largement invalidée[19]. Une autre objection à la théorie de l'évolution se retrouve sous la plume de nombre d'auteurs contemporains qui doutent du fait que la macro-évolution puisse résulter des milliards et des milliards de mutations qu'exige la différenciation des espèces. Pour P. P. Grassé, le darwinisme n'explique pas le plan général d'organisation de l'embranchement, de la classe et de l'ordre, et doit se borner à l'explication des mécanismes de la formation des espèces[20]. Le mécanisme de la grande évolution resterait alors à découvrir.

D'autres critiques portent sur la question de la morphogenèse[21]. La théorie darwinienne de l'évolution rend en effet difficilement compte de l'homologie des structures dans des espèces

---

17. Jean Henri Fabre, *Souvenirs entomologiques*, 1880, édition 1989. Sur les relations de Fabre avec Darwin Cf. l'article « Fabre » de P. Tort dans le *Dictionnaire du darwinisme et de l'évolution*, 1996.
18. Waddington C.H., *The Strategy of the Genes*, 1957, p. 65.
19. Cf. par exemple Yves Bouligand, « La petite fronde anti-Darwin », dans *Pour Darwin* (sous la direction de Patrick Tort), 1997.
20. « La mutagenèse est utilisée par les êtres vivants pour ajuster vaille que vaille leur génotype aux conditions du milieu. Elle a pour effet certain de personnaliser les sujets composants l'espèce. Lui attribuer un rôle prépondérant dans la grande évolution, c'est exprimer une hypothèse qui ne s'appuie pas sur les faits. Le mécanisme de la grande évolution, c'est-à-dire la vraie, reste à découvrir. » Article « Évolution », *Encyclopédie Universalis*, Pierre-Paul Grassé, 1995.
21. Cf. sur la question de l'univocité des recherches en biologie : D'Arcy Wenworth Thompson, *On Growth and Form*, 1917, 1942, édition anglaise, 1992. Une traduction d'une version abrégée a été publiée récemment en français au Seuil, Paris, 1994.

différentes. Il existe une probabilité infiniment faible pour que des mutations concomitantes convergent vers une même structure fonctionnelle ou une même morphologie. D'autre part, les phénomènes globaux de morphogenèse des organismes vivants ne peuvent être encore totalement expliqués par un codage génétique strict de l'ensemble des formes prises par les organes et organismes. Malgré les développements extraordinaires de la génétique, de nombreux faits fragilisent cette hypothèse, du moins dans son acceptation littérale. Selon R. Chandebois, l'existence d'un programme génétique du développement chez l'animal pluricellulaire est démentie par les expériences les plus simples chez l'embryon. Il pourrait alors exister des sortes de champs morphogénétiques qui conduisent le développement. Ces champs agiraient comme des contraintes autonomes et spécifiques auxquelles doivent répondre le déploiement des formes[22]. Cette dernière conception était celle de d'Arcy Thompson et elle est reprise aujourd'hui en partie par René Thom dans son essai pour rendre intelligible la morphogenèse au travers de la théorie des catastrophes[23] et de figures de régulation. On sait pourtant maintenant qu'il existe bien des gènes impliqués dans le contrôle de la morphogenèse, ce qui donne aujourd'hui curieusement raison à Geoffroy Saint-Hilaire dans la grande controverse qui l'a opposé à Cuvier sur l'existence d'un plan général d'organisation animale[24] qui transcende la distinction des espèces.

La portée de la thèse de *L'Origine des espèces* ne s'est pas limitée au champ de la biologie. La théorie de la sélection naturelle est aujourd'hui utilisée de façon de plus en plus extensive dans d'autres domaines que celui de l'évolution des espèces jusqu'à devenir un véritable paradigme explicatif. Pour G. M. Edelman, par exemple, les réseaux neuronaux constitutifs de notre cerveau sont l'objet d'une sélection interne comparable à celle décrite par Darwin pour les espèces[25]. En d'autres termes, la matière première de notre esprit ne serait que le résultat de

22. Chandebois R., « Esquisse d'une cybernétique de la morphogenèse chez l'animal », dans *Passion des Formes – à René Thom*, 1994.
23. Thom R., *Stabilité structurelle et morphogenèse*, deuxième édition, 1977.
24. Cf. Le Gudayer H., *Geoffroy Saint-Hilaire, un naturaliste visionnaire*, 1998.
25. Edelman G. M., *Biologie de la conscience*, 1992.

processus compétitifs. En intelligence artificielle, les étonnantes capacités des algorithmes génétiques[26] simulant la sélection naturelle permettent effectivement de faire apparaître des structures auto-adaptatives sans intervention préconçue du concepteur. Du hasard et de la sélection naturelle semblent donc émerger l'ordre et la catégorisation, premières structures cognitives à la base du déploiement de l'intelligence. Le darwinisme est également mis à contribution pour l'explication de toutes sortes de phénomènes, des réactions immunologiques à la constitution des corps stellaires. De fait, il est devenu un modèle explicatif global, nommé modèle sélectif, s'opposant au modèle instructionniste selon lequel l'information est codée une fois pour toutes sous forme d'instructions. Dans le modèle sélectif, dit darwinien, l'information est constamment le lieu de modifications internes liées aux interactions entre le moteur interne de variabilité et les contraintes de l'environnement.

La Descendance de l'homme

Dans *L'Origine des espèces*, Darwin n'a pas abordé de front la question de l'évolution de l'espèce humaine. Ce n'est qu'en 1871 qu'il publie un livre sur la descendance de l'homme et la sélection sexuelle[27]. Dès le premier chapitre intitulé *The Evidence of The Descent of Man from Some Lower Form*, Darwin établit la descendance de l'homme en s'appuyant sur l'homologie des structures morphologiques et embryologiques avec les grands primates et sur l'existence des structures résiduelles telles les rudiments cartilagineux observables sur les pointes des oreilles de certains hommes ou encore sa pilosité. Inversement, il évoque le goût des singes pour les liqueurs ou le tabac. Tous ces faits attestent que l'homme n'est ni issu de demi-dieux comme le croyait nos ancêtres, ni le produit d'un « acte séparé de création »

26. Goldberg D. E, *Algorithmes génétiques*, 1991, édition française, 1994. Ces nouvelles procédures informatiques peuvent être considérées comme des machines formelles utilisant des mutations internes et des erreurs de copie analogues aux micro-variations naturelles. Or, comme les variantes de ces structures se disputent un espace limité (fonction des contraintes), le succès reproductif des différentes structures dépend de leur environnement (sélection naturelle). La nouvelle génération contient donc les descendants des variétés les mieux adaptés.
27. Darwin C., *The Descent of Man and Selection in Relation to Sex*, 1871, rééd. 1981.

mais qu'il descend bien d'une lignée évolutive à partir des grands primates[28]. Les objections portant sur les capacités mentales et morales de l'homme sont discutées et invalidées dans les autres chapitres. Darwin prend comme argument pour attester de la faible distance entre les primates et l'homme le fait que les trois Fuégiens qui étaient à bord du *Beagle* et avaient vécu quelque temps en Angleterre avaient fini par parler un peu d'anglais et montraient des facultés mentales comparables aux hommes civilisés[29]. Outre la sollicitude maternelle dont Darwin n'a pas de mal à montrer qu'elle existe aussi chez les animaux, il évoque l'existence du langage articulé qui a longtemps été érigée comme la preuve ultime de la différence de nature entre l'homme et l'animal. Bien que Darwin admette que le langage articulé soit propre à l'homme, il affirme qu'il existe un gradualisme entre les signaux de communication utilisés par les animaux et les signes du langage humain, montrant ainsi leur communauté de nature et d'origine. Sens de la beauté, capacité d'abstraction, sentiment religieux seront ensuite tour à tour soumis à la démonstration du gradualisme.

La seconde partie de l'ouvrage contient la thèse de la sélection sexuelle comme étant le moteur de l'évolution. Elle consiste à faire sélectionner par les femelles les mâles les plus vigoureux et les plus aptes à fournir une grande progéniture. Cette sélection s'opère sur des attributs morphologiques apparents portés uniquement par les mâles. La sélection sexuelle est la seconde cause de variation après la sélection naturelle. Son action sélective est moins rigoureuse que la première car à sa différence, elle

28. « It is only our natural prejudice, and that arrogance which made our forefathers declare that they were descended from demi-gods, which leads us to demur to this conclusion. But the time will before long come when it will be thought wonderfull, that naturalists, who were well acquainted with the comparative structure and development of man and others mamals, should have believed that each was the work of a separate act of creation. » Darwin C. *The Descent of Man and Selection in Relation to Sex*, 1871, p. 33.

29. Lors du précédent voyage du *Beagle* sur les côtes méridionales de l'Amérique, le commandant du navire, Fritz-Roy avait embarqué plusieurs « sauvages » de la Terre de Feu afin de les montrer en Angleterre. Ces Fuégiens, qui avaient été pris en otages pour les punir d'avoir volé une petite embarcation, restèrent quelques années en Angleterre où l'on tenta leur éducation avec plus ou moins de succès. Le *Beagle* devait les ramener sur leur terre d'origine. Ils furent ainsi les compagnons de voyage de Darwin lors du second périple du navire.

n'entraîne pas la mort et se contente de donner moins de descendants aux mâles les moins favorisés[30]. La puissance de la sélection sexuelle s'exerce ensuite au travers de notre organisation biologique jusque dans les plus hautes réalisations humaines :

> « Celui qui admet le principe de la sélection sexuelle sera conduit à la conclusion remarquable que le système nerveux non seulement règle la plupart des fonctions du corps existantes, mais qu'il a indirectement influencé le développement progressif des diverses structures de ce corps et de certaines qualités mentales. Le courage, la ténacité, la persévérance, la force et la taille du corps, les armes de toutes sortes, la voix et les instruments de musique, le brillant des couleurs et les parures, tout cela est indirectement acquis à l'un ou l'autre sexe par l'exercice du choix, l'influence de l'amour et de la jalousie, l'appréciation du beau dans le domaine des sons, des couleurs et des formes ; et ce pouvoir dépend manifestement du développement du cerveau.[31] »

Dans la plupart des espèces animales, c'est donc le mâle qui présente les attributs de la beauté par la transformation des appendices qui servaient au départ au combat et qui étaient déterminés par la sélection naturelle. La sélection sexuelle en prenant le relais de la sélection naturelle transforme les traits agressifs en traits esthétiques. Sur cette base, Darwin développe une théorie utilitaire de la beauté des ornements animaux, y compris ceux de l'homme tels les tatouages, maquillages, etc. Tous ces caractères ont été déterminés par la sélection sexuelle car ils favorisent les contacts entre partenaires en permettant une sélection des mâles les plus forts et donc les plus adéquats à la reproduction et à la génération d'une descendance. Rejetant progressivement l'idée que le sentiment de beauté vient de la contemplation de l'œuvre divine, Darwin théorise donc la beauté des formes au travers de son lien à l'attraction sexuelle. Ce lien anticipe la thèse freudienne du sentiment esthétique ainsi que l'a remarqué Patrick Tort[32]. Dans les *trois essais sur le théorie de la sexualité*, Freud relie en effet la notion de beauté à la sexualité[33]. La beauté a fonda-

---

30. Cf. *L'Origine des espèces, op. cit.*, p. 209.
31. Darwin C., *La Descendance de l'homme et la sélection dans sa relation à la sexualité*, 1871.
32. *Dictionnaire du darwinisme et de l'évolution*, P. Tort (dir.), 1996, p. 241.
33. Freud S., *Trois essais sur la théorie sexuelle*, 1905.

mentalement une origine sexuelle, c'est avant tout la beauté des corps. Cependant cette relation est paradoxale, puisque les organes génitaux, du moins dans de nombreuses cultures sont considérés comme laids. Laplanche a commenté ce paradoxe[34] en proposant l'idée que la feuille de vigne, obstacle mis devant la vision des organes génitaux, représente métaphoriquement une des conditions fondamentales de l'esthétique. Le déni du génital serait ainsi une condition nécessaire à l'avènement de la beauté. Pour Darwin, la beauté du monde naturel vient plutôt de l'excroissance de certaines formes dont la détermination est celle de permettre une optimalisation de la recherche du partenaire pour la reproduction. Le sentiment de beauté est un phénomène secondaire à la recherche du partenaire et dérive donc aussi fondamentalement de la sexualité. À la fin de son ouvrage, Darwin évoque une curieuse situation imaginaire où toutes les femmes seraient aussi belles que la Vénus de Médicis. Il écrit qu'au début tous les hommes s'en arrangeraient très bien, mais que très vite ils se mettraient en quête de femmes présentant des défauts pour maintenir leur désir[35]. Le désir sexuel est donc aussi fondamentalement lié à la nouveauté.

L'ensemble de l'ouvrage se termine par une nouvelle évocation des Fuégiens et sur une extraordinaire affirmation de Darwin préférant descendre des singes qui sauvent leurs maîtres plus que d'un sauvage, qui pour être humain, n'en torture pas moins ses ennemis et pratique l'infanticide. Il faut donc accepter que l'homme, capable de mansuétude et de sympathie pour les plus défavorisés et dont les hautes réalisations intellectuelles ont pu percer le mystère du système solaire, porte également en lui la marque indélébile de sa basse origine[36]. Ces dernières lignes contiennent l'essentiel de la

34. Laplanche J., *La sublimation, Problématiques III*, 1980, p. 114.
35. Darwin C., *La descendance de l'homme et la sélection dans sa relation à la sexualité*, édition originale 1871, édition française 1981, p. 354.
36. « And we must acknowledge, as it seems to me, that man with all this noble qualities, with sympathy which feels for the most debased, with benevolence which extends not only to other men but to the humblest living creature, with his god-like intellect which has penetrated into the movements and constitution of the solar system - with all these exalted powers - Man still bears in his bodily frame the indelible stamp of his lowly origin. » *The Descent of Man and Selection in Relation to Sex, op. cit.*, p. 405.

thèse anthropologique de Darwin. Rien n'existe dans l'homme qui ne soit le fruit d'une longue évolution sélective.

C'est enfin dans *La Descendance de l'homme* que Darwin développe la célèbre thèse de la horde primitive. Selon Darwin, les premiers hommes ont dû ressembler à des singes supérieurs vivant en petites bandes rassemblées autour du mâle le plus puissant et ayant plusieurs femelles. Le mâle était alors amené à interdire les relations sexuelles entre ses femelles et les jeunes mâles. On sait que cette hypothèse a été reprise par Freud dans *Totem et Tabou* en la combinant à celle proposée par Atkinson d'une rébellion des fils contre le pouvoir du père. Dans la construction freudienne, l'interdiction par le père force les jeunes mâles à se liguer contre le vieux mâle, à l'assassiner puis à le dévorer, générant ainsi les sentiments de culpabilité et l'obéissance *post mortem* à la volonté du père, processus qui sont aux fondements de la culture avec l'interdiction de l'inceste.

La thèse de Darwin sur la variabilité des espèces et la sélection naturelle est aussi souvent présentée comme étant la source historique de la sociobiologie[37] et des conceptions attribuant à la compétition entre les individus – la lutte pour la vie – le moteur de l'évolution. Le gradualisme darwinien se heurte en effet au paradoxe suivant : les civilisations humaines se caractérisent en général par la valorisation de l'altruisme et de la sympathie pour les plus faibles. Or ces valeurs vont à l'encontre des lois générales de la sélection naturelle des plus aptes, donc la civilisation va à l'encontre de la sélection naturelle. Comment la sélection naturelle a-t-elle pu alors sélectionner un processus qui va à son encontre ? Pourquoi la sélection naturelle aurait-elle privilégié un processus anti-sélectif ? À ces questions, plusieurs réponses ont été apportées dans l'histoire des idées. La première réponse est celle de l'eugénisme classique qui affirme qu'effectivement les valeurs de sollicitude pour les plus faibles doivent être renversées car elles portent tord à l'amélioration de l'espèce humaine en laissant propager maladies et infirmités de toutes sortes. La seconde réponse est celle de la sociobiologie moderne qui ne conteste pas, en général, les valeurs de sollicitude mais qui postule que l'altruisme est une stratégie des gènes destinée à

37. Wilson E.O., *Sociobiology : The New Synthesis*, 1980.

favoriser leurs propagation. En d'autres termes, sauver l'autre c'est sauver la part génique qui est en lui et qui est commune au sauveteur. La stratégie des gènes égoïstes serait ainsi le déterminant profond des comportements humains. Un troisième type de réponse est proposée par Patrick Tort au travers d'une épistémologie renouvelée de l'œuvre de Darwin[38]. Selon Tort, Darwin a effectivement défendu le fait que l'élimination des faibles constitue une nécessité de la survie de l'espèce dans le cadre du vaste mouvement de l'évolution. Il a par contre souligné la profonde différence sur ce point entre les sociétés humaines et la vie animale. Chez l'homme, les comportements sociaux altruistes qui paraissent infondés sur le plan sélectif, ont été cependant sélectionnés du fait de l'avantage général que ces comportements fournissent à l'espèce humaine. La culture et la civilisation émergent ainsi d'un lent processus sélectif qui a favorisé la sollicitude pour les plus faibles. La protection des faibles et infirmes conduit les sociétés humaines à développer des structures institutionnelles qui par leur action contribuent au développement de la civilisation et au travers d'elle à la protection des hommes et donc au développement de l'espèce humaine. Darwin est donc loin d'être le théoricien de la lutte pour l'existence et de son exploitation par l'idéologie capitaliste de l'Angleterre victorienne. Il n'y a pas incompatibilité entre le développement de la sympathie sociale, de l'altruisme et la sélection naturelle car l'aide portée au plus faible génère de fait un avantage. C'est donc une sélection qui s'est retournée sur elle-même au travers d'un *effet réversif*[39]. L'évolution humaine aurait sélectionné de façon continue l'avantage culturel contre l'avantage biologique sans que l'on puisse pointer le moment précis du retournement[40]. Le concept d'effet réversif de l'évolution permet ainsi de résoudre le paradoxe initial en montrant que Darwin a bien théorisé la

38. *Dictionnaire du darwinisme et de l'évolution*, P. Tort (dir.), 1996.
39. Par exemple, Alain Gallo et Fabienne de Gaulejac critiquent la pertinence du concept d'effet réversif en montrant qu'il est difficilement acceptable de penser que la sélection naturelle des motions altruistes aient pu suffire à construire les notions morales qui spécifient les sociétés humaines. Cf. *Pour Darwin*, P. Tort (dir.), « Polysémie de la notion de milieu, comportements sociaux et effet réversif de l'évolution », 1997, p. 15-16.
40. L'anneau de Mœbius présente curieusement une seule face et quand on le parcoure du doigt on est tantôt à l'intérieur de l'anneau tantôt à l'extérieur.

façon dont la sélection naturelle est amenée à sélectionner des processus culturels (des valeurs civilisatrices) grâce à l'action des instincts sociaux. Cependant comme ce passage de l'état de nature à l'état de culture chez l'homme est difficile à identifier comme un moment ponctuel, comme une discontinuité originaire, Patrick Tort est amené à utiliser l'artifice de la figure topologique de l'anneau de Mœbius. Cette figure topologique aide à se représenter la possibilité d'une modification radicale (dedans / dehors) sans que le passage de l'un des pôles à l'autre se fasse se façon discontinue. Il reste que ce procédé topologique, qui permet de résoudre une contradiction, ne répond qu'en partie à la grande question des conditions de la transition entre la nature et la culture.

Les derniers travaux scientifiques

En 1872, Darwin publie *L'expression des émotions chez l'homme et les animaux*[41]. Chez l'homme comme chez l'animal, Darwin montre que ce sont les émotions et les sensations qui produisent les expressions gestuelles involontaires. Ensuite ces expressions gestuelles primaires vont se fixer et se modifier en étant contraintes par trois grands principes. Le principe de l'association des habitudes utiles permet d'associer les expressions et les actes moteurs qui s'avèrent avantageux. Le principe de l'action directe du système nerveux explique que certaines expressions soient la conséquence directe de la constitution du système nerveux. Le troisième principe de l'antithèse (donné comme second dans l'énumération de Darwin) est plus mystérieux. Il postule qu'à partir du moment où une émotion a donné naissance à une expression ou à un acte moteur, la survenue d'une émotion opposée peut générer une expression opposée à la première. On peut voir dans ce principe une ébauche d'explication de l'opposition structurale entre des signifiants linguistiques[42].

41. Darwin C., *L'expression des émotions chez l'homme et les animaux*, 1872, première édition française 1890, reproduite aux Éditions Complexe, Bruxelles, 1981.
42. La structuration linguistique des langues de signes gestuels des sourds utilise ainsi beaucoup ce principe de l'antithèse pour créer de nouveaux signes. Cf. Virole B. *Psychologie de la surdité*, 2000.

Dans la série des travaux anthropologiques de Darwin sur l'homme, on doit citer son travail de pionnier sur la clinique de l'enfant avec l'article « A Biographical Sketch of an Infant » (1877)[43]. À partir des observations réalisées sur son propre fils, William Erasmus Darwin, né le 24 décembre 1839, Darwin évoque de nombreux thèmes qui deviendront majeurs pour la psychologie de l'enfant[44], comme l'existence des grands réflexes innés tels les battements des paupières à l'audition d'un bruit fort[45], la peur des visages inconnus[46], les expressions de tristesse autour du sixième mois et l'apparition des premiers signes de communication. Un autre thème, directement lié à la théorie de la descendance animale, concerne les phobies infantiles devant les grands animaux. En allant aux jardins zoologiques de Londres, il observe la peur de son fils âgé alors de vingt-sept mois devant les grands animaux et se demande s'il ne faut pas les voir comme la manifestation de la peur ancestrale des ascendants de l'homme[47] devant ses prédateurs.

Le reste de l'œuvre scientifique de Darwin consiste en une série d'articles et de livres sur des sujets divers. Dans la première de ses études botaniques sur la fécondation des orchidées (1860-1861), Darwin tente de montrer l'évolution des mécanismes complexes permettant aux insectes de transporter le pollen d'une plante à l'autre et d'assurer ainsi une fertilisation croisée[48].

---

43. Ce texte a été publié récemment en français sous le titre « Esquisse biographique d'un petit enfant » dans l'ouvrage *Pour Darwin* accompagné d'une présentation par P. Tort et C. Allard, 1997.
44. Cf. Allard C., « Charles Darwin, précurseur de la psychologie du bébé », *La Psychiatrie de l'enfant*, XL., 2, 1997, pp. 559 - 624.
45. Ce réflexe dit cochléo-palpébral est couramment utilisé aujourd'hui en clinique néo-natale pour tester l'audition des nouveau-nés.
46. « I saw the first symptom of shyness in my child when nearly two years and three months old : this was shown towards myself, after an absence of ten days from home, chiefly by his eyes being kept slightly averted from mine ; but he soon came and sat on my knee and kissed me, and all trace of shyness disappeared. » Darwin C., *A Biographical Sketch of an Infant*, éd. originale 1877, éd. française 1993, p. 482.
47. « Ne pourrions nous pas soupçonner que les peurs vagues et cependant très réelles de l'enfance, qui sont tout à fait indépendantes de l'expérience, sont l'héritage des dangers réels et des basses superstitions des temps anciens de la sauvagerie ? Il est tout à fait compatible avec ce que nous savons de la transmission des caractères jadis bien définis qu'ils apparaissent à une certaine période de la vie et disparaissent ensuite. » Darwin C., A *Biographical Sketch of an Infant*, 1877, 1993, p. 479.
48. Darwin C., *De la fécondation croisée des orchidées par les insectes et des bons résultats du croisement*, 1862, 1999.

L'avantage de la fécondation des plantes par le pollen d'une autre plante pour éviter l'autopollinisation est l'hypothèse centrale de l'ouvrage mais il montre aussi que les organes de la reproduction extraordinairement élaborés des orchidées ne sont que les formes modifiées de structures communes chez d'autres fleurs. Darwin s'intéresse au processus de fertilisation depuis les années 1830 à la suite d'une observation fortuite sur la plus grande vigueur des plantes croisées[49]. Dès 1862, il avait publié un ouvrage sur les espèces florales dont chacune présentait de nombreuses variétés et montré que ce phénomène est lié à la fécondation croisée.

Les derniers travaux de Darwin portent sur des thèmes assez intrigants pour l'imagination, tels les plantes insectivores (1875) et les mouvements actifs des végétaux (1880)[50]. Darwin étudia aussi la vie des vers de terre (*Lumbricus*) pendant près de quarante ans avant de leur consacrer un livre en 1882, l'année précédant sa mort. En procédant à un certain nombre d'expériences et en les observant minutieusement, il parvint à la conclusion qu'ils possédaient un certain degré d'intelligence. Ces vers sont capables d'analyser la forme d'une feuille et de trouver l'extrémité adéquate par laquelle ils peuvent la saisir pour l'introduire dans leur trou. Il est convaincu que l'activité des vers de terre remplit une fonction importante dans la formation du terreau nécessaire à la vie végétale. En mangeant des feuilles mortes, en travaillant le sol de leurs corps et en rejetant leurs déjections, les vers de terre fertilisent le sol rendant ainsi possible le renouveau de la vie végétale. Les vers de terre deviennent ainsi sous la plume de Darwin, des agents géologiques pouvant modifier l'aspect d'un paysage sur une grande échelle de temps. C'est là sa dernière contribution scientifique. Il meurt en 1882 entouré de l'affection des siens. Malgré son souhait de funérailles privées, il est enterré à l'abbaye de Westminster avec tous les honneurs que l'Angleterre réserve à ses grands hommes.

---

49. Bowler J.P., *Darwin*, éd. originale 1990, éd. française 1995, p. 180.
50. Darwin C., *The Power of Movements in Plants*, 1880, 1993, ouvrage écrit avec son fils Francis. Il y est décrit un certain nombre d'expériences montrant la façon dont les plantes s'orientent vers la lumière à partir de la captation du stimulus lumineux par l'extrémité de la pousse et d'une croissance différentielle survenant à une courbure de la tige.

Chapitre III

Les fondements d'une vocation

Aux sources de la curiosité

Il est toujours délicat de décrire la personnalité d'un grand homme dont on ne connaît la vie qu'au travers des travaux de ses biographes. Dans le cas de Darwin, nous sommes placés devant une situation plus favorable grâce à son autobiographie. Bien que les récits autobiographiques ne soient pas forcément les plus fidèles à la réalité historique, ce témoignage est d'un grand intérêt. De par sa richesse en anecdotes et en souvenirs d'enfance, il peut à juste titre être considéré comme le récit de l'histoire intérieure d'une vie. Le choix des souvenirs, comme des commentaires qui s'y rattachent, sont alors de précieux éléments pour déceler le caractère et la personnalité de l'auteur. Dès les premières pages de l'autobiographie, nous rencontrons des confidences de Darwin sur ses sentiments intimes et en particulier sur son extrême sensibilité à la souffrance. Il raconte ainsi qu'étant enfant et amateur de pêche à la ligne, il faisait très attention à tuer les vers avec de l'eau et du sel de façon à ce qu'ils ne souffrent pas[1] avant de les accrocher à l'hameçon. Un autre de ses souvenirs d'enfance relate un événement où il bat cruellement un jeune chiot. Darwin décrit alors ressentir un violent sentiment de culpabilité :

> « Cet acte pèse lourdement sur ma conscience, comme l'indique la précision de mon souvenir quant à l'endroit où le crime fut

1. Darwin C., *La Vie d'un naturaliste à l'époque victorienne*, édition originale, 1887, édition française 1985, p. 18.

commis. Il m'est probablement d'autant plus pénible que j'avais déjà, et que j'ai longtemps eu, une passion pour les chiens. Ceux-ci devaient d'ailleurs le savoir, cas j'essayais de détourner à mon profit l'affection qu'ils portaient à leur maître.[2]"

Lors de la chasse, qu'il pratique avec grand plaisir, Darwin, ressent également, « plus ou moins consciemment » selon ses propres termes, un sentiment de honte qu'il attribue à l'inutilité de sa passion[3]. La vision de la souffrance et de la douleur est aussi pour lui une source de hantise comme l'explicite fort bien le récit de l'opération d'un enfant à Édimbourg pendant ses années de formation médicale :

« J'allai aussi, en deux occasions à l'hôpital d'Édimbourg, où j'assistai à deux opérations très graves, dont l'une sur un enfant, mais je m'enfuis avant la fin définitivement. Aucun motif n'aurait pu être assez puissant pour m'y faire revenir : ceci se passait en effet avant l'époque bénie du chloroforme. Ces deux cas devaient me *hanter* pendant bien des années.[4] »

Le thème politique de l'esclavage constitue un autre élément qui invite à penser que Darwin a bien construit de fortes motions réactionnelles contre la cruauté. La famille de Darwin était par tradition anti-esclavagiste. Il est fort probable que sa conscience morale ait donc été depuis l'enfance influencée par cette pensée libérale. Mais ce qui aurait pu être chez Darwin une simple opinion idéologique est toujours restée associée à un rejet viscéral. Dans ses vieux jours, Darwin s'engage aussi aux cotés des protagonistes de l'interdiction de la vivisection[5] contre les biologistes qui défendent ces pratiques au nom des nécessités de la science.

Sur le plan psychanalytique, on peut donc supposer avec quelques raisons que cette aversion pour la cruauté, décrite dès les premières pages de son autobiographie, peut être interprétée comme une formation réactionnelle destinée à mettre à distance

2. *Ibid.* p. 18.
3. *Ibid.* p. 39.
4. *Ibid.* p. 34.
5. Le thème de la vivisection des chiens est évoqué dans *The Descent of Man* : « The love of a dog for his master is notorious ; in the agony of death he has been known to caress his master, and every one has heard of the dog suffering under vivisection, who licked the hand of the operator ; this man, unless he had a heart of stone, must have felt remorse to the last hour of his life », *op. cit.*, p. 40.

des motions pulsionnelles appartenant au registre des tendances sadiques existantes chez tout enfant avec une intensité variable selon les individus et les circonstances. On sait depuis les analyses de Freud que le refoulement du sadisme enfantin est impliqué dans l'activité de connaissance de l'enfant. Chez Darwin, les formations réactionnelles devant la cruauté invite à penser à l'existence d'un processus de ce type aboutissant à faire dériver l'économie de la pulsion sadique vers l'activité de l'investigation scientifique. Enfin, il est probable qu'une certaine part de ce désir sadique a trouvé un exutoire plus direct, et exempt de culpabilité, dans les dissections des spécimens que son activité de naturaliste exigeait. Cependant l'interprétation de cette dérivation, assez banale, de la curiosité scientifique ne permet pas de savoir comment le refoulement et les formations réactionnelles ont généré positivement l'acte de sublimation proprement dit, c'est-à-dire celui qui apporte des éléments nouveaux à une problématique ancienne et qui fait donc réellement acte de création.

Le plaisir du collectionneur

L'importance du sadisme enfantin chez Darwin, constitue en tous cas un premier indice qui nous amène à nous tourner vers le modèle psychopathologique de la névrose obsessionnelle dont on sait qu'elle est caractérisée, en grande partie, par des fixations sadiques précoces. Précisons cependant un point de nature méthodologique. Un tel rapprochement ne signifie pas que nous affirmons que Darwin ait souffert d'une « névrose obsessionnelle ». Le simple examen des faits biographiques montre que ce dont il se plaint est bien plutôt une maladie comportant des symptômes somatiques et non des obsessions mentales ou des actes compulsifs. Rappelons-nous cependant qu'il n'est pas illégitime d'utiliser le modèle d'une organisation psychopathologique comme outil d'investigation psychobiographique, à la condition d'avoir conscience des limites d'un tel procédé. L'examen des éléments biographiques de la vie de Darwin permet, en première approximation, de penser qu'il présente en effet d'autres traits de caractères s'apparentant aux organisations obsessionnelles. Ainsi, il avoue une véritable passion précoce pour l'activité de collection, en particulier de spécimens animaux et végétaux :

« Essayant de trouver le nom des plantes, je collectionnais toutes sortes de choses, coquilles, sceaux, cachets de poste, monnaies et minéraux... Cette passion de la collection, qui peut conduire un homme à devenir un naturaliste systématicien, un connaisseur ou un *avare*[6], était très forte chez moi et, de toute évidence innée, car aucun de mes frères et sœurs n'eut jamais ce goût.[7] »

Cette manie de la collection n'est pas uniquement motivée par le désir de posséder (notons toutefois au passage que Darwin lie, fort justement sur le plan analytique, les motivations de l'avare à celui du systématicien). Le plaisir de la collection est surtout guidé par le plaisir de mettre des noms sur les choses :

« En ce qui concerne la science, je continuais de collectionner les minéraux avec beaucoup de zèle, mais d'une façon tout à fait non-scientifique. Tout ce qui m'importait, c'était d'arriver à *dénommer*[8] un nouveau minéral, mais je m'essayais fort peu à les classer.[9] "

Un événement remarquable et fort significatif nous invite à penser que ce goût de la dénomination lui a été communiqué par sa mère dans sa toute petite enfance. Il s'agit d'un épisode relaté dans une note écrite par Nora Barlow, la fille de Darwin. Celle-ci a recueilli le témoignage d'un ami de Darwin qui avait été son camarade d'école. Un jour, Charles arriva à l'école avec une fleur, en disant que sa mère lui avait appris comment on pouvait découvrir son nom simplement en regardant à l'intérieur de la corolle[10]. Bowlby pense également que l'enthousiasme précoce de Darwin pour l'histoire naturelle fut ainsi encouragé par sa mère. Celle-ci partageait en effet l'intérêt de Robert Darwin pour la botanique et la zoologie[11]. Cette passion précoce pour les collections de spécimens est telle qu'il

6. Souligné par nous.
7. *Autobiographie, op. cit.*, 1985, p. 15. Notons l'argument du lien entre singularité et innéité.
8. Souligné dans le texte.
9. *Ibid.* p. 32.
10. *Ibid.* note 2 de Nora Barlow, p. 162. Il est par ailleurs remarquable que cet ami fut vivement intéressé par cet épisode, voulut savoir comment on pouvait faire et devint plus tard botaniste ! F.D. William Allport Leigton (1805-1899) fit ses études à St John's College à Cambridge et publia *Flora of Shropshire, Lichen Flora of Great Britain* et autres ouvrages de botanique (d'après Nora Barlow).
11. Bowlby J., *Charles Darwin, Une nouvelle biographie*, p. 48.

n'hésite pas, un jour qu'il recueillait des scarabées à en mettre un, vivant, dans sa bouche afin de pouvoir libérer sa main pour une nouvelle prise...

On conçoit aisément que les sciences naturelles constituent un terrain de sublimation particulièrement propice à l'expression des tendances obsessionnelles qui visent à l'isolation et à la construction fixe de catégories afin d'éviter le pire danger qui menace l'obsessionnel : la contamination. En sciences naturelles, tout commence en effet par un problème de classification. Classer nécessite d'isoler certaines caractéristiques de forme, puis de rechercher leur existence dans d'autres objets et inférer de cette existence commune l'appartenance à une même classe que l'on peut alors nommer. L'histoire naturelle peut se lire ainsi comme un discours visant à comprendre la diversité des formes et à la rendre intelligible au travers de systèmes classificatoires. Elle impose donc au naturaliste une méthode de classement et d'identification. Dans un passage du récit de voyage du *Beagle*[12], Darwin relate par exemple longuement la précision de sa méthode d'identification et de classement des échantillons, jusqu'à indiquer la nécessité de marquer d'un point les numéros pouvant éventuellement se lire à l'envers comme 699 ou 89 et de coder par couleur les différentes unités de chiffres. Recueillir, classer, nommer les objets de la nature sont pourtant des actions bien différentes de la simple recherche et possession d'objets que manifeste le collectionneur obsessionnel et dont la finalité est la défense contre l'angoisse de la pièce manquante. Darwin s'est aussi beaucoup intéressé à l'existence de formes intermédiaires, difficilement classables dans les grandes catégories utilisées pour décrire le monde animal et végétal. L'intérêt porté à la formation du corail, organisme animal dont l'apparence est végétale, dont la texture est minérale, peut aussi être interprété comme l'effet d'une mise en question des catégorisations. Enfin on peut aussi considérer le dernier livre sur les vers comme l'expression scientifique d'une remise en question des délimitations entre catégories. Dans des pages très belles, Darwin évoque le travail des vers de terre assurant les transitions entre les mondes des animaux, des végétaux et des minéraux et transformant ainsi la

12. Darwin C., *Voyage d'un naturaliste autour du monde, op. cit.*, p. 58.

vie au-delà de la mort[13]. Ainsi, loin d'être un symptôme stérile épuisant la créativité, cette passion de la collection a servi incontestablement l'œuvre scientifique de Darwin et s'apparente donc plutôt à une sublimation réussie.

Victoire sur le doute

On sait qu'un des éléments caractéristiques de l'organisation névrotique obsessionnelle est la propension au doute. La marque du doute chez Darwin est présente dans les hésitations de sa vie spirituelle et dans ses rapports avec la religion. Il consacre de nombreuses pages de son autobiographie à cette question en décrivant sa lente évolution de la foi orthodoxe de son jeune âge vers son agnosticisme. Nous suivrons ici pas à pas la démarche de Darwin telle qu'il la résume lui-même dans son autobiographie :

> « La question se posait donc constamment, et *ne se laissait pas chasser de mon esprit*[14] : était-il croyable que Dieu, pour se révéler aux Hindous, puisse permettre que cette révélation soit autant liée aux croyances en Vishnu, Shiva, etc., et que le Christianisme est lié à l'Ancien Testament. Cela m'apparaissait tout à fait incroyable.[15] »

Au travers de la comparaison des religions et des dogmes, comparaison méthodique semblable par son principe à celle qu'il mit en œuvre autour de la question de la variabilité des espèces, Darwin en vint « graduellement à ne plus croire au christianisme comme révélation divine[16] ». Les différentes religions deviennent ainsi des métaphores, des allégories dont l'interprétation est forcément relative. Une telle évolution ne va pas sans mal et le désir d'éviter l'angoisse de l'incertitude fait naître chez Darwin de bien curieuses fantaisies :

---

13. « When we behold a wide, turf-covered expanse, we should remember that its smoothness, on which so much of its beauty depends, is mainly due to all the inequalities having been slowly levelled by worms. It is a marvellous reflection that the whole of the superficial mould over any such expanse has passed, and will again pass, every years trough the bodies of worms. » *The Formation of Vegetable Mould, through the Action of Worms*, 1881, 1993, p. 553.
14. Souligné par nous.
15. *Autobiographie, op. cit.*, p. 71.
16. *Ibid.* p. 71.

« J'étais cependant très peu disposé à abandonner ma foi ; de cela je suis sûr, car je me rappelle que j'inventais souvent des rêves éveillés, dans lesquels de vieilles lettres, échangées entre des Romains distingués ou des manuscrits découverts à Pompéi ou ailleurs, venaient confirmer de la manière la plus frappante tout ce qui était écrit dans les Évangiles.[17] »

Malgré la force du désir qui cherche à rétablir l'ancienne croyance, le doute continue d'exercer sa force et d'entraîner Darwin vers l'incrédulité totale, l'amenant vers la détente affective de la conclusion finale, à savoir la perte de la foi dans un dieu créateur :

« Ainsi, l'incrédulité m'envahit-elle très lentement, pour devenir finalement totale. L'évolution fut si lente que je ne ressentis pas d'angoisse, et je n'ai pas depuis douté une seule seconde de la vérité de ma conclusion.[18] »

Darwin donne alors deux arguments significatifs pour justifier son agnosticisme. Le premier concerne le fait que son propre père, ses frères et amis, sont aussi agnostiques et qu'il est impossible que ceux-ci soient châtiés suivant les principes de l'Écriture. En d'autres termes, Darwin ne peux être fautif car alors la faute concernerait aussi son père, ses frères et tous ceux qu'il a choisi comme modèles idéalisés. L'autre argument concerne la grande question philosophique de la finalité dans la nature :

« Désormais nous ne pouvons plus prétendre que la *belle charnière d'une coquille bivalve*[19] doive avoir été faite par un être intelligent, comme la charnière d'une porte par l'homme. Il ne semble pas qu'il y ait une plus grande finalité dans la variabilité des êtres organisés ou dans l'action de la sélection naturelle, que dans la direction où souffle le vent. Tout dans la nature est le résultat de lois immuables.[20] »

La force de conviction acquise au travers de sa nouvelle théorie a été telle que même le plaisir sublime de la contempla-

---

17. *Ibid.* p. 72.
18. *Ibid.* p. 72.
19. Souligné par nous. On remarquera la proximité de l'interrogation de Darwin avec les réflexions de Paul Valéry dans *L'homme et la coquille* sur l'émerveillement des formes, édition 1992.
20. *Autobiographie, op. cit.*, p. 72.

tion de la nature, celui qui résulte de l'émerveillement devant les paysages grandioses et la diversité des formes naturelles, ne peut plus conduire Darwin vers la croyance religieuse :

> « On peut dire à juste titre que je suis comme un homme qui serait devenu aveugle aux couleurs, et la croyance universelle des hommes à l'existence du rouge ôte toute valeur démonstrative à ma perte actuelle de perception [...] L'état d'esprit que suscitaient autrefois en moi des scènes grandioses, intimement lié à la croyance en Dieu, ne différait pas essentiellement de ce qu'on appelle souvent le sens du sublime ; quelque difficulté qu'il y ait à expliquer la genèse de ce sens, il peut difficilement être avancé comme argument en faveur de l'existence de Dieu, pas plus que les sentiments semblables, c'est-à-dire puissants mais vagues, produits par la musique.[21] »

La conclusion est alors radicale. La croyance en l'immortalité de l'âme, soutien ultime de l'homme devant l'absurdité apparente de la vie et les souffrances qu'elle lui impose, ne peut plus être d'un quelconque réconfort. Pas de sauvetage possible de l'individu, voué à disparaître. Cependant, tout n'est pas perdu sur le plan collectif, car l'évolution est l'avenir de l'homme :

> « Pour qui croit comme moi, que l'homme, dans un avenir lointain, sera une créature bien plus parfaite que ce qu'il est actuellement, il est intolérable de le penser condamné, comme tous les êtres sensibles, à l'annihilation complète après ces longs et lents progrès.[22] »

L'autre pôle de la vie, celui de l'origine, pose des problèmes d'une difficulté tout autre. Comment penser la conception de cet univers « immense et merveilleux » ? Doit-on admettre que ces merveilles ne résultent uniquement du hasard aveugle et de la nécessité ? Pendant longtemps, et au moins jusqu'à la rédaction de *L'Origine des espèces*, Darwin se considéra comme déiste, acceptant l'idée d'une « cause première ». Tout commence à changer avec la lente émergence de la certitude concernant la sélection naturelle. La connaissance scientifique vient effacer la croyance en un être divin créateur de toutes choses. Mais s'il faut

---

21. *Ibid.* p. 75.
22. *Ibid.* p. 75.

admettre l'absence de créateur, il faut aussi admette l'absence d'un plan divin de création du monde. Comment rendre compte de l'organisation « généralement bénéfique du monde » ? Par la recherche du plaisir, répond alors Darwin, utilisant ainsi un argument étonnamment proche du principe de plaisir freudien si ce n'est que la plaisir chez Darwin est d'un autre ordre. Il s'inscrit avant tout dans l'ordre du social et de la famille :

> « [...] La totalité, ou au moins la plupart des êtres vivants se sont développés par la sélection naturelle d'une manière telle que les sensations de plaisir leur servent de guides habituels. Cela se voit dans le plaisir de l'effort, parfois même d'un grand effort du corps et de l'esprit, dans le plaisir qui nous vient de la sociabilité et de l'amour de nos familles.[23] »

Cependant un obstacle redoutable surgit à ce moment de la réflexion. Et si l'agnosticisme, résultat logique de l'adhésion à la sélection naturelle, n'était au fond que le fruit d'un esprit borné encore enraciné dans notre ascendance animale ?

> « Naît alors le doute. L'esprit de l'homme dont je crois pleinement qu'il s'est développé à partir d'un esprit aussi frustre que celui de l'animal le plus inférieur mérite-t-il confiance lorsqu'il tire d'aussi importantes conclusions ? [...] Ne sous-estimons nous pas la probabilité qu'une éducation constante à la croyance en Dieu dans l'esprit des enfants ne produise un effet si puissant, qui peut être héréditaire, sur leurs cerveaux incomplètement développés ? Il leur serait aussi difficile de rejeter la croyance en Dieu qu'à un singe d'abandonner sa haine et sa peur instinctive du serpent.[24] »

Toutes ces hésitations invitent à penser que les nombreuses réticences de Darwin à l'exposé de sa thèse, et ceci dès l'introduction à *L'Origine des espèces* ne sont pas à lire uniquement comme des clauses de style, mais bien comme les aveux volontaires des résistances qu'il a dû vaincre pour abandonner la notion de la création divine. Après tout ces doutes sont bien compréhensibles puisqu'il ne s'agit ni plus ni moins que

23. *L'Origine des espèces, op. cit.*, p. 73.
24. *Autobiographie, op. cit.* p. 76. La peur instinctive du serpent est un thème très fréquent chez Darwin. Ainsi, il prend pour argument de la descendance animale de l'homme, le fait qu'il partage avec les singes la peur des serpents. Cf. *The Descent of Man, op. cit.*, p. 37.

d'opposer au credo chrétien de la création un nouveau credo[25]. Darwin devient le créateur d'une nouvelle intelligibilité du vivant, ne destituant pas encore, pour sauver les apparences, l'intervention d'un souffle vital animant la forme primordiale, mais liant l'ensemble des êtres animaux dans une même filiation, mettant ainsi à bas le dogme de la création indépendante de l'homme. La victoire sur le doute est alors acquise, justifiant ainsi le lyrisme des dernières pages de *L'Origine des espèces* où Darwin imagine les conséquences heureuses de sa découverte, dans une envolée où pointe la jubilation d'avoir vaincu l'obsession des classifications indécises[26] :

> « Les systématistes pourront continuer leurs travaux comme aujourd'hui ; mais ils ne seront plus constamment *obsédés de doutes*[27] quant à la valeur spécifique de telle ou telle forme, circonstance qui, j'en parle par expérience, ne constituera pas un mince soulagement. Les disputes éternelles sur la spécificité d'une cinquantaine de ronces britanniques cesseront.[28] »

Cette victoire sur le doute et la génération d'une théorie nouvelle témoignent que le destin psychologique de Darwin se distingue de la voie névrotique empruntée par le sujet obsessionnel. Le doute obsessionnel reste un balancement infini entre deux objets s'excluant l'un l'autre et empêchant toute relation dialectique d'où naîtrait un troisième terme. Ainsi, le désir œdipien du garçon « J'aime ma mère mais je ne peux la posséder car mon père l'interdit et qu'elle est sa possession » prend la forme d'une interrogation sur la vérité de la paternité : « Cet homme là est-il bien mon père ? ». Le doute est alors l'expression des tendances ambivalentes prégénitales qui génèrent des couples d'opposés, amour et haine, prendre et laisser, contenir et perdre, etc. Le drame du sujet obsessionnel réside ici. La seule possibilité de sortir de l'oscillation entre les deux objets est

---

25. « Je crois que tous les animaux descendent de quatre ou cinq formes primitives tout au plus, et toutes les plantes d'un nombre égal ou même moindre. » *Ibid.*, p. 542.
26. La hiérarchie classificatoire employée par Darwin se divise en genres comportant plusieurs espèces, l'ensemble des genres de même niveau forme une classe, et tous descendent d'un ancêtre commun. De là, la célèbre assertion : *il n'y a de véritable classification que généalogique.*
27. Souligné par nous.
28. *Ibid.* p. 543

d'accepter ce qui est le plus redouté : la mort, fond de toutes choses et réalité dernière. Or, au moment de la rédaction de *l'Origine*, Darwin ne doute plus. Il a acquis la certitude de la transmutation des espèces. À la fin de sa vie, Darwin semble ainsi avoir atteint une sorte de sérénité et de vision du monde proche de celle que Freud décrit comme la phase ultime de la connaissance scientifique[29]. Le long déplacement inconscient de la question sur la paternité vers la question religieuse se voit ainsi résolu par l'investigation scientifique et finalement par la découverte d'un nouveau savoir. Cependant, il convient de remarquer que ce savoir ne signe pas la disparition de la question des origines. Il la transforme simplement en y mettant au cœur l'incertitude du hasard. Au fond, si Darwin a fini par destituer Dieu pour lui substituer une nécessité née du besoin matériel, il a également déplacé plus loin le problème en organisant ainsi l'ensemble des êtres dans une immense arborescence issue d'une même forme primordiale dans laquelle la vie aurait été insufflée à l'origine par un acte fondateur qui conserve tous ses mystères.

29. « Nous trouvons alors qu'aussi bien dans le temps que par son contenu, la phase animiste correspond du narcissisme, la phase religieuse au stade d'objectivation, caractérisé par la fixation de la libido aux parents, tandis que la phase scientifique a son pendant dans cet état de maturité de l'individu qui est caractérisé par la renonciation à la recherche du plaisir et par la subordination du choix de l'objet extérieur aux convenances et aux exigences de la réalité. » Freud S., 1912, *Totem et Tabou*, 1965, p. 106.

Chapitre IV

Le prix d'une transgression ?

Une mystérieuse maladie

La maladie chronique dont Darwin souffrit dès son retour du voyage du *Beagle* a été l'objet de nombreuses interrogations. Pour beaucoup de biographes ou d'observateurs, Darwin aurait souffert de la maladie de Carlos Chagas se manifestant par une régurgitation des aliments, des vomissements, des constipations et des troubles cardiaques, et ceci à la suite de la piqûre par un insecte transmettant le *trypanosoma*. Ainsi que l'a remarqué John Bowlby, cette thèse est fragile car la forte fièvre dont Darwin souffrit au Chili en octobre 1834 survint six mois avant qu'il ait noté avoir été piqué en mars 1835. De plus, Darwin a décrit sa première grande crise (palpitation et angoisse) juste *avant* le départ du *Beagle*. Ces faits laissent le champ libre aux hypothèses psychosomatiques et aux interprétations psychologiques de cette maladie. Celles-ci ont été répertoriées par Bowlby dans sa biographie de Charles Darwin[1]. Selon Douglas Hubble (1943)[2] et Georges Pickering (1974)[3], Darwin aurait été l'objet d'un conflit interne entre ses aspirations scientifiques qui le poussaient à communiquer la thèse de la sélection naturelle et les impératifs sociaux qui l'invitaient à la prudence. De surcroît, Darwin aurait été choyé excessivement par son épouse Emma qui aurait ainsi encouragé les symptômes de son mari à se manifester. Selon

1. Bowlby J., *Charles Darwin, une nouvelle biographie*, édition française, 1995.
2. Hubble D., « Charles Darwin and Psychotherapy », *Lancet*, 30 janvier 1943, p. 129-133.
3. Pickering G., *Creative Malady*, 1974.

C.D. Darlington (1959)[4] et Hedley Atkins (1974)[5], ses troubles somatiques seraient le résultat du conflit entre les conséquences religieuses de la théorie de l'évolution et les convictions religieuses d'Emma. Selon Ralph Colp (1977)[6], ces troubles seraient en relation avec la crainte de Darwin que ses idées ne puissent être acceptées par la communauté scientifique et surtout par ses collègues plus âgés. Enfin, pour John Bowlby lui-même, les symptômes psychosomatiques de Darwin seraient l'expression du deuil inachevé de sa mère. Pour le psychanalyste anglais, Darwin présentait un syndrome d'hyperventilation avec des périodes d'angoisses chroniques et des épisodes dépressifs assez graves[7]. Or, selon Bowlby, les patients qui souffrent du syndrome d'hyperventilation, de crises de panique, de dépression sont très nombreux à avoir perdu leur mère en bas âge ou à avoir eu avec elle des difficultés chroniques d'attachement.

On sait que l'attachement humain est décrit par Bowlby[8] comme un comportement instinctif autonome interagissant avec les comportements parentaux et dont la finalité est d'assurer la proximité maternelle pour le petit enfant. En tant que comportement instinctif, à visée adaptative, son schéma général est caractéristique de l'espèce mais la réalisation de ce comportement, et ses aléas, sont typiques de chaque individu et de chaque situation. L'attachement remplit une fonction biologique centrale, celle de la protection de l'enfant contre les risques du monde extérieur. La fonction de protection du comportement d'attachement aboutit à la construction chez l'enfant d'un modèle du lien à autrui et des relations au monde environnant. La perte accidentelle de la mère peut alors déclencher chez le tout jeune enfant des réactions de détresse et de dépression graves. Le processus de deuil à la perte de la figure d'attachement comporterait une phase de protestation, avec pleurs et colères, où l'agressivité est dirigée vers la perte de l'objet et les personnes tierces, puis une phase de désespoir faite d'agitation puis de

4. Darlington C. D., *Darwin's Place in History*, 1959.
5. Atkins H., *Down : the Home of the Darwins*, 1974.
6. Colp R., Jr. *To Be an Invalid : The Illness of Charles Darwin*, 1987.
7. Bowlby J., *Charles Darwin, Une nouvelle biographie*, *op. cit.*, p. 63.
8. Bowlby J., *Attachement et perte*, tome I, *L'attachement*, trad. fr. Kalmanovitch J., Paris, PUF, t. II, *La séparation, angoisse et colère*, trad. fr. Panafieu B., 1978.

nostalgie et d'hostilité intense, et enfin une phase terminale de détachement où l'objet perdu est finalement réintégré permettant de nouvelles relations. Or, « si le deuil ne peut se réaliser, faute de la compréhension et de la sympathie de son entourage, l'enfant risque de garder pour lui, comme dans une armoire secrète, ses pensées et ses sentiments qui reviendront ensuite le *hanter*[9] ». Les psychanalystes Nicolas Abraham et Maria Torok ont décrit aussi par la métaphore du fantôme les défauts d'introjection[10] consécutifs à des deuils impossibles.

Ces éléments théoriques issus de la psychanalyse permettent de donner quelque légitimité à cette thèse. La mort précoce de la mère de Darwin serait alors l'élément déterminant de sa maladie et viendrait le hanter sous la forme des symptômes somatiques. Seulement voilà, en reprenant cette métaphore de la hantise, ce qui hante la conscience de Darwin, ce n'est pas le souvenir de sa mère, mais une question centrale, obsédante, celle de la modification des espèces. « La question me hantait [11] » écrit-il ainsi au détour de son autobiographie. Un autre fait est remarquable. Les grandes crises de cette maladie se manifestèrent en relation chronologique avec des événements marquants de la vie de Darwin. La première a lieu à bord du *Beagle* lors de l'attente de l'appareillage à Davenport, la seconde lors de la première grossesse de sa femme et la naissance de son premier enfant, la troisième lors de la maladie et du décès de son père, et la quatrième lors d'une grave déception intellectuelle lorsqu'il se rendit compte qu'un de ses maîtres estimés, Charles Lyell (1797-1875), n'acceptait pas la thèse de l'évolution des espèces. Il n'est guère difficile de déchiffrer un lien entre les manifestations de cette maladie et des moments importants de l'histoire interne de la vie de Darwin. Ces moments sont beaucoup plus en rapport avec la question de la paternité qu'avec les relations d'attachement avec une figure maternelle ; rompre avec le père et transgresser des attentes paternelles pour la première crise, être soi-

---

9. Bowlby J., *Charles Darwin, Une nouvelle biographie, op. cit.*, p. 64.
10. Abraham N. & Torok M., *L'Écorce et le noyau*, 1978, édition française 1987. Cf. aussi sur la question du deuil, l'article d'André Green « La mère morte » dans *Narcissisme de vie, narcissisme de mort*, 1983.
11. « [...] la question me hantait » écrit-il littéralement dans son autobiographie, *Autobiographie, op. cit.*, p. 98.

même père lors de la naissance de son enfant, perdre son père réel avec la mort de Robert Darwin et enfin perdre le soutien d'un père idéalisé avec la reculade de Lyell. Tout ces éléments concordent pour associer à sa maladie une signification en rapport avec les relations inconscientes au père. De plus de nombreuses pages de l'autobiographie nous permettent de connaître la nature ambivalente des relations affectives entre Charles Darwin et son père. Si l'on se fie au contenu manifeste de son autobiographie, Darwin dessine le portrait flatteur d'un homme de grandes qualités morales et d'une vive intelligence dans la conduite de ses affaires tant humaines que financières. Après une description du physique impressionnant de Robert Darwin, (« c'était l'homme le plus imposant que j'aie jamais vu » écrit-il), il évoque pêle-mêle ses qualités morales en commençant par sa générosité en matière d'argent, puis évoque ses succès en tant que médecin en opposant sa sympathie pour ses patients à son aversion pour les opérations et en particulier les saignées. Le passage mérite d'être cité car le thème du sang revient de façon récurrente dans l'autobiographie :

> « Jusqu'à la fin de sa vie, la pensée d'une opération le rendait presque malade, et il supportait difficilement de voir quelqu'un saigner – répugnance qu'il m'a d'ailleurs transmise. Je me rappelle l'horreur que j'éprouvai lorsque écolier, je lus le récit de Pline (je pense) se saignant à mort dans un bain chaud[12]. »

Le portrait que Darwin trace de son père n'est cependant pas exempt d'une profonde ambiguïté et laisse transparaître la vraie nature de ses sentiments pour son père, en partie explicables par les conflits générés par son choix professionnel. On a vu que Charles Darwin fut un étudiant médiocre, plus préoccupé de chasses et de collections que d'études. Son avenir professionnel resta même des plus incertains jusqu'au voyage du *Beagle*. Il est probable que son père devait fortement s'en inquiéter, malgré la fortune familiale. Darwin a néanmoins bénéficié de la compréhension de son père qui n'a pas empêché son fils (le second, donc *a priori* moins dangereux sur le plan de la rivalité œdipienne) de réaliser ses souhaits. Cependant, pour accepter le

12. En fait, Darwin se trompe, puisqu'il s'agit de Sénèque, qui se suicida sur ordre de Néron, en 68 ap. J.-C. (note de N. Barlow) dans *Autobiographie*, *op. cit.*, p. 20.

départ de son fils, il lui demande de fournir l'encouragement d'un autre homme qui se porterait garant de l'intérêt de ce voyage. En quelque sorte, Robert Darwin se défausse de la confrontation directe avec le désir de son fils sur un tiers. Cette tactique paternelle est certes salvatrice du fait de la possibilité offerte de parvenir à ses fins de façon détournée, mais elle dénote aussi la difficulté d'un affrontement direct entre père et fils.

D'autres éléments biographiques invitent à penser que la relation œdipienne entre le fils et le père s'est également déplacée sur le plan intellectuel. D'abord la théorie de la sélection naturelle n'est publiée qu'après la mort du père. Ensuite, de façon significative, lorsque son père meurt, Darwin est si souffrant qu'il est incapable d'aller à ses funérailles, ni d'assumer son rôle d'exécuteur testamentaire. Enfin, dans son autobiographie, il commet un lapsus sur la date de la mort de son père en le situant un an plus tôt (1847) que la date réelle (1848). Ce lapsus et la survenue de cette maladie dénotent par leur conjonction l'ambivalence de Darwin vis-à-vis de la mort de son père, à la fois désirée (avancement de la date) et redoutée (survenue d'une maladie opportuniste)[13]. Le style de l'autobiographie montre aussi la présence d'une forme d'oscillation entre les thèmes portant sur la générosité et les questions d'argent et ceux où il est question d'opérations chirurgicales. Cette oscillation des thèmes se comprend mieux si l'on accepte l'idée que la relation au père est sous l'influence de motifs inconscients qui se rapportent au-delà des détournements et formations substitutives à l'agressivité sadique anale et à la castration (opération, sang). L'oscillation entre les thèmes de la générosité, de la prodigalité et ceux du sadisme reflète ainsi la nature ambivalente des relations de Darwin à son père et le refoulement de l'agressivité. On en tient pour preuve cette remarque conclusive assez assassine : « Je ne pense pas que je lui doive beaucoup intellectuellement[14] ». Autrement dit, le portrait apparemment flatteur que réalise Darwin de son père lui sert de dédouanement pour bien

13. « J'étais tellement souffrant que lorsque mon cher père mourut, le 13 novembre 1847 (sic, en fait 1848), je fus incapable d'aller à ses funérailles, ni d'assumer mon rôle d'exécuteur testamentaire. » *Autobiographie, op. cit.*, p. 98.
14. *Autobiographie, op. cit.*, p. 29.

marquer son indépendance intellectuelle et l'autonomie de sa créativité.

On sait que la psychanalyse a toujours insisté sur l'importance de la fonction paternelle pour la créativité. Pour P. Greenacre par exemple, la sublimation scientifique est en rapport avec le rôle de l'image inconsciente du père idéalisé bien que Freud ait distingué soigneusement le processus de sublimation de celui de l'idéalisation[15]. Pour Guy Rosolato, la question de la création scientifique est aussi reliée à la question du père. Tout apport scientifique nouveau peut en effet être considéré comme une forme de transgression des lois scientifiques antérieures instaurées par des pères (ou pairs !) sur le plan scientifique. Il relève donc d'une recherche de transgression et renvoie en dernière analyse à la loi majeure du corps social, la prohibition de l'inceste dont le père symbolique est le garant. À l'instar de la création artistique, la création scientifique exige une transgression nécessaire, permettant l'établissement de nouvelles lois et ceci à la condition que le scientifique puisse se dégager des inhibitions névrotiques. Selon Rosolato, ce dégagement ne peut se réaliser qu'en regard du père selon la loi symbolique, c'est-à-dire du père mort, et non du père idéalisé des conflits névrotiques[16].

Tous ces éléments permettent de reconstituer un scénario plausible du déterminisme de la maladie, qui intègre l'interprétation de John Bowlby sur l'effet du deuil maternel non élaboré, mais qui la complète par le thème de l'effet autopunitif chez Darwin de la transgression fondatrice, celle qui le voit s'opposer à son père puis à ses maîtres idéalisés. Sa maladie aurait en quelque sorte servie plusieurs buts. Elle serait le résultat d'une condensation entre l'expression psychosomatique d'un deuil non symbolisé et la culpabilité liée à la réalisation d'une œuvre fondamentalement transgressive de la loi du père. Il importe alors peu de savoir si les symptômes somatiques de Darwin ont une signification particulière ou ne sont que l'expression d'un

15. Freud écrit ainsi « Tel qui a échangé son narcissisme contre la vénération d'un idéal du moi élevé, n'a pas pour autant réussi à sublimer ses pulsions libidinales » Freud S., *Pour introduire le narcissisme*, 1914, SE, XIV, traduction dans *La vie sexuelle*, PUF, 1969, p. 81.

16. Cf. Rosolato G., « Fonction du père et créations culturelles » dans *Essais sur le symbolique*, 1969, p. 181.

défaut de mentalisation. La question de l'origine purement psychologique de la maladie n'est d'ailleurs peut-être pas si déterminante. Après tout, rien n'empêche que Darwin n'ait été effectivement infecté par la maladie transmise par un moustique et qu'il est *aussi* souffert de malaise anxieux dès le départ de Davenport. Une hypothèse mixte n'est pas inconcevable. Elle est même plutôt en accord avec les enseignements de la complexité de la clinique psychosomatique. Ce qui est par contre très significatif est la correspondance entre les poussées et rémissions de la maladie et les événements de l'histoire interne de la vie de Darwin tels qu'on peut les reconstituer et singulièrement de la lente élaboration de la théorie de l'origine des espèces et celle de la descendance de l'homme. Il est ainsi fort plausible que l'état psychique de Darwin ait fortement retenti sur son état somatique et la dynamique de sa maladie. Forte importante aussi est la sorte d'acceptation de sa maladie par Darwin, même si celui-ci en a souffert réellement et a cherché à s'en débarrasser par les remèdes. Il reste que la lecture de son autobiographie laisse le sentiment de l'émergence d'une signification personnelle à sa maladie, d'une sorte de fatalisme, comme si finalement cette maladie était bien inscrite dans l'ordre des choses[17]. Nous pouvons déceler là le sens interne, subjectif et secret de sa maladie, que nous ne pouvons nommer autrement que par le châtiment accepté de la transgression.

Un roman des origines

Nous disposons maintenant de suffisamment d'éléments pour construire ce que pourrait être le déroulement de la vie psychique inconsciente de Darwin. Prenons quelques précautions. Ce qui suit est une construction au sens donné à ce terme en psychanalyse. Plus proche du roman que de l'expertise historique, notre interprétation n'est validée que par l'intelligibilité nouvelle qu'elle produit et non par sa cohérence stricte avec les faits historiques tels qu'ils ont été agencés par les biographes de Darwin. Admettons donc comme point de départ que Charles Darwin vit ses premières années dans une tendre complicité

17. « La maladie elle-même, qui m'a pris plusieurs années de vie, m'a préservé des distractions et autres divertissements de la société. » *Autobiographie*, *op. cit.*, p. 126.

avec sa mère. Soumis aux tourments œdipiens et au désir de rester l'unique objet d'amour de sa mère, il cherche à exclure son père. Sa mère lui donne un signe énigmatique lors de l'épisode du nom écrit dans la fleur qui va fixer son rapport à l'observation en l'invitant à déchiffrer la nature[18]. Darwin utilise ce souvenir pour nourrir un fantasme d'auto-création où sa propre existence ne doit rien à son père, puisque les noms sont inscrits dans la chair même des fleurs et qu'il n'existe pas de tiers dépositaire des noms. Ce statut particulier de la nomination n'est sans doute pas sans rapport avec le fait qu'il porte le prénom d'un oncle mort, le frère aîné de Robert Darwin. Il est possible que Charles Darwin ait pu alors ressentir l'ambivalence paternelle, à savoir l'amour de Robert pour son fils mêlé de la jalousie ressentie pour son propre frère aîné décédé. La transmission de la croix en herbes tressées invite à porter crédit à cette hypothèse complémentaire. La mort brutale de sa mère génère ensuite chez Darwin, en début de période de latence, un traumatisme d'autant plus violent que ce décès fait l'objet d'un véritable refoulement familial et que le nom même de la défunte n'est que rarement évoqué. Le refoulement des relations avec sa mère fut intense chez Darwin du fait de sa nécessité, mais il fut probablement renforcé par l'intensité vécue comme coupable des liens d'amour avec sa mère. Seuls subsistent alors à la conscience de Darwin des souvenirs écrans portant sur des objets associés à sa mère (une robe de velours noir et une table de travail curieusement faite) :

> « Quand ma mère mourut en juin 1817, j'avais un peu plus de huit ans, et je ne me rappelle presque rien d'elle, sauf son lit de mort, sa robe de velours noir et sa table à ouvrage, curieusement faite. Je

18. Ainsi, le jeune Darwin écoutant sa mère l'invitant à lire le nom des fleurs inscrit au plus profond de leur corolle a peut-être entendu la grande leçon de choses qu'a prodiguée en son temps Léonard de Vinci à l'artiste débutant : « [...] Lorsque tu regardes un mur maculé de taches ou fait de pierres de nature variée, avec l'idée d'imaginer quelque scène, tu pourras y découvrir une ressemblance avec divers paysages, embellis par des montagnes, rivières, rochers, arbres, plaines, larges vallées et collines de toutes sortes ; ou encore tu pourras y voir des batailles et des silhouettes en action ; ou d'étranges visages et costumes et complètes. Et cela apparaît sur de tels murs de manière confuse, de même que dans le son des cloches, tu trouveras tous les noms et les mots que tu voudras imaginer dans leur battement. » Vinci de L., *Traité de la peinture*, cité dans K.R. Eissler, *Léonard de Vinci, Étude psychanalytique*, 1961, 1980, p. 138.

crois que mon absence de souvenirs incombe en partie à mes sœurs qui à cause de leur chagrin, ne voulaient jamais en parler, ni prononcer son nom ; et cela tient également en partie à l'état d'invalidité de ma mère avant sa mort.[19] »

Nous sommes en droit d'interpréter la persistance de ces objets dans le souvenir de Darwin comme résultant d'une intensité particulière du fait de leur signification inconsciente. Le sens de la robe noire s'explique assez bien puisqu'il symbolise probablement la mort et le deuil. L'autre objet est plus énigmatique. On peut se laisser aller à imaginer que cette table à ouvrage, curieusement faite, comme il le note lui-même, représente la tâche à accomplir, le travail qui seul permet la victoire sur la mort, et sa forme curieuse, objet énigmatique, l'objet but de la connaissance scientifique. Dès lors, Darwin se passionne pour les collections, recueille des objets et les nomme, refaisant ainsi seul l'acte de dénomination par lequel sa mère lui a montré qu'il était possible de vivre seul et en quelque sorte de s'auto-engendrer par le travail. Cependant il faut bien continuer à être et vivre auprès d'un père dont l'attention réelle pour son fils, comme la compréhension psychologique pour ses patients[20], n'empêche en rien Darwin de haïr en secret cet homme gigantesque au caractère difficile et aux décisions autoritaires. Rappelons-nous que celui-ci souhaitait inscrire son fils à la faculté de médecine de Édimbourg afin qu'il devienne médecin, comme lui-même et comme son frère aîné Charles, mort des suites d'une dissection de cadavre durant laquelle il s'était coupé un doigt. Interprétons abruptement ce fait par la transmission transgénéalogique d'un fantasme mortifère du père à l'égard de son fils et contenant, intimement mêlés, les représentants symboliques de la castration et de la mort. « Va à Édimbourg, soit castré et meurt comme mon frère » tel pourrait être retraduit, sur le plan de l'ambivalence inconsciente, le conseil paternel de Robert Darwin à son fils. Ce conseil permet au père de se débarrasser à la fois de son fils rival et de racheter symboliquement sans doute la mort de son frère aîné. Il n'est donc pas étonnant que Charles

19. *Autobiographie*, *op. cit.*, p. 13.
20. En fait, Robert Darwin s'était en quelque sorte spécialisé dans l'écoute des plaintes hypocondriaques des jeunes femmes.

ne montre guère de dispositions pour ces études et que son refus de continuer des études de médecine s'affirme lors de l'opération chirurgicale d'un enfant dans un véritable télescopage entre fantasme inconscient et réalité. Le transfert à Cambridge pour devenir pasteur ne change rien à l'affaire, si ce n'est que Darwin commence à rencontrer des figures paternelles plus enclines à l'encourager dans sa passion de l'histoire naturelle. Cependant l'avenir reste sombre entre une destinée imposée par le désir du père et la difficulté de l'affronter sans le soutien de l'amour d'une mère. Dès lors, le désir de partir avec le *Beagle* est pour Darwin l'occasion inespérée d'une fuite lui permettant d'échapper à la lutte mortelle avec le père. La décision est difficile. Elle entraîne à Davenport, dans le moment particulièrement angoissant d'un départ différé, une crise psychologique majeure marquée par une angoisse régressive d'une grande ampleur qui a peut-être ouvert les voies du symptôme somatique. Paradoxalement, c'est aussi une régression salutaire et productive dans la mesure où elle permet à Darwin de poser un regard d'une intense acuité sur les objets de la nature et dont l'extraordinaire récit du *Voyage d'un naturaliste autour du monde* portera le témoignage.

Chapitre V

Une expérience esthétique

Le voyage du *Beagle* s'inscrit dans la lignée des grandes expéditions scientifiques qui ont débuté dès le milieu du XVIIIe siècle lorsque les cours européennes commencèrent à envoyer navires et capitaines explorer les rives inconnues des nouveaux mondes. À partir du milieu du XIXe siècle, on note une évolution notable de ces expéditions. Elles sont préparées de façon de plus en plus méthodique, la division du travail entre navigateurs et scientifiques embarqués s'affirme de manière nette et les comptes rendus d'observations sont de plus en plus précis. Il est ainsi très frappant de voir la différence entre le récit de Darwin et les journaux de route de Lapérouse, Bougainville, Cook qui portent encore la trace de préjugés idéologiques, tant sur les objets naturels que sur les sociétés indigènes[1]. Même si nombre de commentaires écrits dans le journal du *Beagle* s'apparentent à l'idéologie d'un homme appartenant à l'Angleterre victorienne, le récit de Darwin préfigure par bien des aspects les règles méthodologiques de l'observation scientifique contemporaine. Sur le plan de l'histoire des sciences, le voyage du *Beagle* se situe donc à une période charnière, entre les récits de voyage du XVIIIe siècle et les notes scientifiques des explorations contemporaines. Cependant à la différence des expéditions scientifiques actuelles dont les objectifs sont posés et étroitement délimités avant le départ et où la marge de manœuvres de l'observateur est quasi nulle,

---

1. Il faut attendre les récits d'exploration de Alexander von Humboldt (1769-1859) pour lire des observations quasi ethnologiques, dénuées de tout préjugé à l'encontre les sociétés indigènes. Cf. Minguet C., *Alexandre de Humboldt, historien et géographe*, 1969.

Darwin pouvait se laisser porter par les destinations parfois changeantes du *Beagle* et recueillir les observations qu'il jugeait dignes d'intérêt. Les circonstances du voyage ont donc offert à Darwin les conditions exceptionnelles d'une situation d'observation extrêmement souple, ouverte à l'improvisation et à la rencontre.

Si tout voyage se révèle après coup expérience du changement, tout voyage est d'abord anticipation et attente. Il est aussi parfois l'occasion d'une expérience subjective intense modifiant en profondeur l'histoire interne de la vie d'un homme. Par bien des aspects, le voyage de Darwin relève de ce type d'expérience. On sait que dans l'ensemble des motivations conscientes du départ de Darwin, la découverte de contrées étrangères tient une place de tout premier rang. Darwin espérait depuis longtemps visiter Ténériffe et le Maroc mais, du fait des circonstances, le *Beagle* fila directement sur les îles du Cap-Vert où la désolation du paysage s'ajoute au dénuement de ses habitants. Après que le *Beagle* eut mis en panne pendant quelques heures sur les rochers couverts de fiente de Saint-Paul au milieu de l'Atlantique, l'arrivée sur les côtes du Brésil fut pour Darwin la source d'une expérience inoubliable :

> « Bahia ou San-Salvador, Brésil, 29 février – Quelle délicieuse journée ! Mais le terme délicieux est bien trop faible pour exprimer les sentiments d'un naturaliste qui, pour la première fois, erre dans une forêt brésilienne. L'élégance des herbes, la nouveauté des plantes parasites, la beauté des fleurs, le vert éblouissant du feuillage, mais par-dessus tout la vigueur et l'éclat général de la végétation, me remplissent d'admiration.[2] »

L'arrivée à Bahia efface la tristesse et le désappointement des premières escales en offrant le spectacle de la forêt brésilienne et de son extraordinaire luxuriance au regard émerveillé. Ce choc esthétique est si fort que Darwin repassant à Bahia cinq ans plus tard lors du voyage du retour en Angleterre revit avec la même intensité cet émerveillement devant la beauté de la nature tropicale et note que la connaissance d'autres pays et le temps passé depuis son premier séjour n'ont en rien émoussé l'immense plaisir ressenti lors de cette première rencontre. Certes, un

2. Darwin C., *Voyage d'un naturaliste autour du monde*, *op. cit.*, p. 17.

esprit rationalisant pourrait ramener ce choc esthétique à des proportions plus raisonnables. Tout individu européen, habitué à la flore de sa patrie et rencontrant pour la première fois le spectacle de la forêt tropicale ne peut être qu'impressionné par le caractère débridé des formes végétales et la clémence du climat. Il n'y aurait alors pas lieu de voir dans les exclamations de Darwin autre chose que le simple attrait de la nouveauté, de celui de la différence ou du penchant naturel à admirer les formes accomplies d'une flore tropicale. Non, écrit avec détermination Darwin, ce n'est pas de cela qu'il est question, la contemplation de la nature tropicale génère un sentiment d'une autre nature :

> « Je suis heureux de voir que ce n'est pas seulement le sentiment de la nouveauté qui m'a fait admirer la nature tropicale. Or les éléments de cette nature sont si simples, qu'il est réellement utile de les mentionner comme preuve des circonstances insignifiantes qui réunies, forment ce qu'on peut appeler le beau dans toute la force du terme.[3] »

Il s'agit donc bien là d'une véritable émotion esthétique, irréductible au simple attrait du neuf. Cette émotion esthétique naît de la rencontre avec la beauté pure. Ce sentiment d'émerveillement, ce transport des sens, ébranle jusque aux tréfonds de l'âme et conduit là où prend source la quintessence des émotions, dans le monde perdu de l'enfance :

> « Pendant ma dernière promenade, je tâchais de m'enivrer pour ainsi dire de toutes ces beautés, j'essayai de fixer dans mon esprit une impression qui, je le savais, devait un jour s'effacer. On se rappelle parfaitement la forme de l'oranger, du cocotier, du palmier, du manguier, du bananier, de la fougère arborescente, mais les mille beautés qui font de tous ces arbres un tableau délicieux doivent s'effacer tôt pu tard. Cependant, comme une histoire que l'on a entendue pendant son enfance, elles laissent en vous une impression semblable à celle que laisserait un songe traversé de figures indistinctes, mais admirables.[4] »

La beauté, l'enfance et le rêve. Comment ne pas déceler sous la plume de Darwin, et ceci quasi littéralement, la marque de la

3. *Ibid.* p. 286.
4. *Ibid.* p. 288.

vie affective inconsciente, et plus précisément la recherche de la conservation en soi, sous la forme d'objets intérieurs, des objets externes sources de plaisir ? En d'autres termes, l'intensité de la jouissance esthétique de Darwin à la rencontre de la nature tropicale est l'indice des retrouvailles intérieures avec des affects oubliés. Cependant, la beauté somptueuse des paysages, n'est qu'une des faces de la dualité esthétique du monde. Le *Beagle* descendant lentement les côtes sud de l'Argentine, Darwin arrive aux confins du continent, au bout de la Patagonie, à la Terre de Feu. La vision d'un paysage austère et glacial est alors pour Darwin une seconde expérience cette fois encore aux fortes colorations affectives puisqu'il y associe la représentation interne d'un univers situé en dehors du monde :

> « Quelle grandeur mystérieuse dans ces montagnes qui s'élèvent les unes derrière les autres en laissant entre elles de profondes vallées, montagnes et vallées recouvertes par une sombre masse de forêts impénétrables ! Dans ce climat, où les tempêtes se succèdent presque sans interruption avec accompagnement de pluie, de grêle et de neige, l'atmosphère semble plus sombre que partout ailleurs. On peut admirablement juger de cet effet, quand, dans le détroit de Magellan, on regarde vers le sud ; vu de cet endroit les nombreux canaux qui s'enfoncent dans les terres, entre les montagnes, revêtent des teintes si sombres, qu'ils semblent conduire *hors des limites de ce monde.*[5] »

Étrangeté d'un monde où règnent le froid et la dénudation. Après l'enchantement paradisiaque de la beauté tropicale, la Terre de Feu est l'occasion d'un renversement de l'humeur et à l'exaltation devant la beauté des tropiques succède l'angoisse de l'étrangeté et finalement de la mort :

> « J'avance lentement pendant une heure en suivant les rives rugueuses et déchiquetées du torrent, mais la grandeur et la beauté du spectacle compensent bientôt toutes mes fatigues. La sombre profondeur du ravin concorde bien avec les preuves de violence que l'on remarque de toutes parts. De chaque côté, on voit des masses irrégulières de rochers et des arbres déracinés ; d'autres arbres, encore debout, sont pourris jusqu'au cœur et prêts à tomber. Cette masse confuse d'arbres bien portants et d'arbres morts me rappellent les forêts des tropiques, et cependant il y a une profonde

5. *Ibid.* p. 231.

différence : dans ces tristes solitudes que je visite actuellement la mort, au lieu de la vie, semble régner en souveraine.[6] »

Le début du récit du *Voyage d'un naturaliste autour du monde* est ainsi traversé par une double expérience marquée par des affects esthétiques intenses aux polarités contraires. En abandonnant volontairement la réalité de ces paysages et en acceptant notre principe de la clôture du récit sur les objets internes, il n'est guère difficile de lire dans ces descriptions faites par Darwin du Brésil puis de la Terre de Feu les réminiscences inconscientes du conflit entre les imagos contraires associées à la figure inconsciente de la mère. La forêt tropicale et sa luxuriance représentent l'imago d'une bonne mère dont on cherche à conserver le souvenir par-delà les années et la Terre de Feu représente la patrie de l'imago de la mauvaise mère, froide et ingrate, antichambre de la mort. Nous sommes bien conscient qu'une telle interprétation peut être perçue comme trop directe, mais nous devons bien garder à l'esprit le fait que Darwin a perdu sa mère alors qu'il était enfant. La clinique des deuils chez les enfants montre suffisamment la constance de la recherche inconsciente de la mère morte pour que nous nous sentions déjà en mesure de proposer une telle interprétation, au moins à titre d'hypothèse de travail.

Un très curieux défaut de réminiscence de Darwin vient à l'appui de cette interprétation. Dans le chapitre 5, consacré à la description des *Pampas*, Darwin relate un événement apparemment banal. Il commence par une longue et minutieuse description des mœurs des autruches vivant en Patagonie, puis s'attarde sur le fait remarquable que plusieurs autruches femelles en viennent à pondre dans le même nid. Il évoque ensuite l'existence d'une autre race d'autruches, plus petites, vivant plus au sud, dont il a appris récemment le nom. Quelques temps plus tard, il capture une autruche présentant des traits similaires, mais qu'il ne reconnaît pas comme faisant partie de cette seconde race. Il la fait cuire et la mange. Après l'avoir ingéré, il se rappelle l'existence de cette seconde race, mais curieusement ne peut alors se souvenir de son nom :

---

6. *Ibid.* p. 299.

« Pendant ma visite à Port-Desire, en Patagonie (latitude 48 degrés), M. Martens tua une autruche. Je l'examinais et en arrivai à la conclusion que c'était une autruche commune qui n'était pas encore entièrement développée, car chose fort singulière et que je ne puis m'expliquer, la pensée des Petises (l'autre espèce) ne me revint pas à ce moment à l'esprit. On fit cuire l'oiseau et il était mangé avant que la mémoire ne me revînt. Heureusement, on avait conservé la tête, le cou, les jambes, les ailes, la plupart des grandes plumes et la plus grande partie de la peau. Je pus donc reconstituer un spécimen presque parfait, exposé aujourd'hui dans le musée de la Société zoologique. M. Gould, en décrivant cette nouvelle espèce, m'a fait l'honneur de lui donner mon nom.[7] »

Deux oublis donc. Celui résultant d'un défaut d'évocation de l'existence de cette seconde espèce et celui du nom de cette dernière. Ces deux oublis sont étonnants venant de la part d'un naturaliste aussi soucieux que Darwin d'inventorier rigoureusement toutes les données d'observation. Il est alors légitime de penser qu'un élément inconscient est venu empêcher Darwin de se souvenir de cette seconde race. Le motif ne peut être que deviné qu'au travers du contexte de cet oubli, faute de disposer d'associations qui permettraient de parvenir plus aisément au complexe refoulé. Cet oubli vient juste après la description des mœurs familiales des autruches et en particulier du fait que plusieurs femelles pondent dans le même nid. Or, on sait que le jeune Darwin a été élevé par sa mère puis à la mort de celle-ci par ses sœurs aînées. Est-il inimaginable que cette particularité des autruches ait réactivé en Darwin la représentation inconsciente du dédoublement des images maternelles entraînant par association le mécanisme de l'oubli du nom de la race ? Le fait qu'il ait mangé cet animal et le fait qu'il tienne à souligner que cette race d'autruches porte maintenant son nom renforcent l'idée de son identification inconsciente à cet animal. Un autre événement se rattachant à la psychopathologie de la vie quotidienne vient à l'appui de ce fort complexe maternel chez Darwin. Il est relaté par John Bowlby dans sa biographie :

« L'une des petites-filles de Darwin rapporte dans ses souvenirs un autre épisode non moins frappant. On aimait à jouer sur les mots

7. *Ibid.* p. 102.

chez les Darwin et l'un des jeux de prédilection consistait à "voler" un mot à l'un de ses partenaires pour construire un mot nouveau en ajoutant une lettre de manière à en changer le sens. L'auteur rapporte qu'un jour Darwin surprit quelqu'un qui ajoutait un M à OTHER (autre) de manière à construire un mot nouveau, MOTHER (mère). Après l'avoir considéré un bon moment, il objecta, "MOE-THER" ; mais ça n'existe pas, "MOE-THER".[8] »

Pourtant « Moether » est bien une forme obsolète de « Mother », ce que Darwin, selon Bowlby, ne pouvait ignorer dénotant ainsi l'existence d'une tendance au refoulement des représentations liées à sa mère.

Les deux événements de la psychopathologie de la vie quotidienne que nous venons de relater dénotent ce processus de reprise du refoulement sur les marques du refoulement premier, celui de sa relation à sa mère. L'amnésie quasi totale de Darwin pour ses premières années passées avec sa mère a constitué certainement le premier moment du refoulement du traumatisme de sa mort. Cependant le refoulé, surtout s'il est secondaire à un traumatisme réel, cherche constamment à reprendre pied dans le moi sous une forme détournée. Nous pouvons donc bien déchiffrer dans le récit du voyage du *Beagle* les formes symboliques des relations précoces à la mère et nous sommes en droit de penser que le voyage du *Beagle* et ses péripéties réelles ont été pour Darwin l'occasion de retrouver sur la scène de l'inconscient les éprouvés et les représentations de l'enfance.

8. Bowlby J., *Charles Darwin, une nouvelle biographie*, *op. cit.*, p. 65.

Chapitre VI

Dans l'espace et le temps

L'espace

L'immensité des espaces maritimes parcourus par le *Beagle* est pour Darwin la source d'un profond étonnement. « Il faut, écrit Darwin, avoir navigué sur ce grand océan pour comprendre combien il est immense[1] ». Ceci ne peut se comprendre par la simple vision des cartes ou par les récits des autres voyageurs. La lente évolution des dimensions de l'espace permet une vision nouvelle de l'immensité du monde et suscite une forme de transformation interne intimement mêlée aux pensées et souvenirs remontant de l'enfance :

> « Les antipodes ! C'est un mot qui rappelle à l'esprit bien des idées qu'on se faisait étant enfant, bien des étonnements qu'on éprouvait alors. Il y a quelques jours encore je pensais à cette limite imaginaire comme à un point défini dans notre voyage vers la patrie ; aujourd'hui je suis bien obligé de me dire que tous ces lieux que vous représente l'imagination sont autant d'ombre que l'homme ne peut jamais atteindre.[2] »

Phrase très révélatrice des attentes de Darwin ! Le mot *antipode* se révèle ainsi être une sorte de signifiant énigmatique entendu dans une enfance encore incapable de mettre sous ce nom une signification directement palpable. Et quelle étrangeté, parvenu à l'âge adulte, que de se rendre compte que ce mot, source des rêveries de l'enfance, ne recouvre rien qu'un concept

---

1. Darwin C., *Voyage d'un naturaliste autour du monde*, *op. cit.*, p. 205.
2. *Ibid.* p. 205.

géographique abstrait qu'aucun objet ne peut réellement représenter ? D'une certaine façon, l'ensemble du voyage de Darwin peut se lire comme une longue exploration de l'espace géographique. Cependant, bien qu'il paraisse parfois d'une uniformité désespérante, l'océan observé par Darwin n'est ni continu, ni homogène. Darwin relève fréquemment ces étranges différences de couleur de la mer du fait des courants marins et des différentes populations d'algues qu'ils entraînent et dont les contours spatiaux délimitent des contrastes francs. Les excursions sur la terre ferme au Brésil, en Argentine ou au Chili ont certes des buts scientifiques et exploratoires mais elles sont aussi pour Darwin l'occasion d'une forme de conquête de l'espace terrestre et plus particulièrement des sommets et des singularités topographiques du paysage. Durant les escales, il n'aura ainsi de cesse de grimper sur les cols et sommets pour jouir, dit-il, du paysage. Il est vrai aussi que pour Darwin, les montagnes sont des sortes d'îles sur la terre ferme[3]. Elles joueront à ce titre un rôle central dans la compréhension de la distribution géographique des espèce comme l'illustre la belle métaphore concluant le chapitre XI de *L'Origine des espèces* :

> « De même que le flux dépose en lignes horizontales les débris qu'il apporte sur les grèves, s'élevant plus haut sur les côtes où la marée est plus forte, de même les ondes vivantes ont laissé sur les hauts sommets leurs épaves vivantes, suivant une ligne s'élevant lentement depuis les basses plaines arctiques jusqu'à une grande altitude sous l'équateur. On peut comparer les êtres divers ainsi échoués à ces tribus de sauvages qui refoulées de toutes parts, survivent dans les parties reculées des montagnes de tous les pays, et y perpétuent la trace et le souvenir, plein d'intérêt pour nous, des anciens habitants des plaines environnantes.[4] »

Les îles, singularités dispersées sur la continuité de l'océan, excitent aussi l'imagination de Darwin. Singularités remarquables en ce qu'elles offrent à l'observateur naturaliste les conditions d'une véritable expérimentation naturelle : celle de l'isolement des terres du continent. Parmi toutes ces îles, celles de

3. Darwin C., *L'Origine des Espèces, op. cit.*, p. 437.
4. *Ibid.* p. 439.

l'archipel de Corail ont retenu particulièrement l'attention de Darwin :

« Il me serait difficile d'expliquer les raisons qui me font trouver tant de grandeur au spectacle des côtes extérieures de ces îlots de corail. Peut-être est-ce à cause de la simplicité de cette grande barrière sur laquelle viennent se briser les vagues furieuses, à cause peut-être de la beauté de ces verts bosquets de cocotiers, et de la force apparente de ce mur de corail mort semé çà et là de gros fragments.[5] »

La plupart des commentateurs s'accordent pour dire que Darwin avait déjà élaboré les grandes lignes de l'explication de la formation des atolls de corail, avant même d'en voir un seul, alors qu'il était en plein milieu de l'Atlantique. La rencontre réelle avec ces îles, dans l'archipel Dangereux, puis à l'île Keeling, ne fut ainsi que la confirmation *de visu*, mais aussi par expérimentation au travers des sondages réalisés par Fritz-Roy, du bien fondé de l'explication proposée par Darwin pour rendre compte de l'énigmatique forme de ces îles, à savoir cette singulière disposition en anneau séparant un lagon intérieur du reste de l'océan. La forme particulière de ces îles avait depuis longtemps intrigué les navigateurs et au premier rang d'entre eux James Cook qui a décrit dans son journal les principales explications avancées :

« Les uns tiennent que dans des temps reculés les petits sommets séparés qui forment ces îles étaient réunis entre eux et constituaient une seule surface de terre plus élevée, que la mer a usée au cours des âges, n'en laissant émerger que les terrains les plus haut situés, qui à leur tour, d'après cette théorie, subiront le même sort. Une autre supposition veut qu'elles aient été projetées par des tremblements de terre et soient le résultat de convulsions intérieures du globe. Une troisième opinion, qui me paraît la plus justifiée, soutient qu'elles sont formées de récifs, ou bancs de corail, et par la suite vont en s'accroissant.[6] »

À l'aide de schémas (Cf. Figure 2), Darwin donne un explication simple et puissante de la formation des atolls. Selon lui, le pic central s'est effondré et l'anneau a été formé secondairement par la croissance du corail. Le cercle de corail séparant l'océan du lagon est la trace actuelle d'un dynamisme progressif amenant

5. Darwin C., *Voyage d'un naturaliste autour du monde*, *op. cit.*, p. 250.
6. Cook J., *Relations de voyages autour du monde*, édition originale, 1780, édition française, 1991, p. 27.

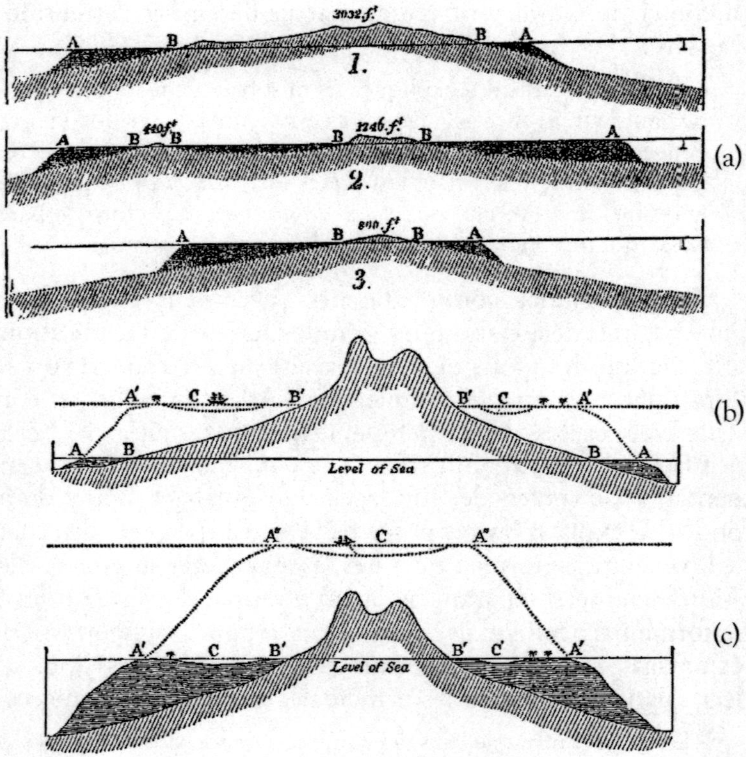

Fig. 2 Théorie de Darwin de la formation des atolls par l'effondrement du pic central. En (a), trois exemples d'îles de corail observées par Darwin (1 : Vanikoro, 2 : Ile Gambier, 3 : Maurus). Darwin a reconstruit le scénario dynamique présidant à la génération de la topologie particulière de ces îles. En (b), la situation initiale : une île munie d'un pic central. En (c), le pic central s'érode, l'île s'enfonce, en conséquence le niveau de la mer s'élève par rapport au rivage, enfin les coraux se développent en périphérie de l'île. Sur les îles observées par Darwin, le pic central a totalement disparu et l'anneau de corail s'est développé, délimitant une aire intérieure.

l'île à s'enfoncer et par contrecoup à faire rejaillir la ceinture de corail. Cette explication qui a fait l'objet de la première publication séparée de Darwin fait maintenant autorité.

L'intérêt de Darwin pour ces îles et la place particulière que ce travail occupe dans son œuvre nous invite à essayer de déchiffrer la signification inconsciente, fantasmatique, de cet objet de recherche. Remarquons la topographie très particulière des récifs coralliens : un cercle de récifs séparant d'un coté la fureur de l'océan et de l'autre le calme du lagon. Faisons pour le moment œuvre d'abstraction topologique et laissons de coté l'insertion de cette forme dans le cadre de la nature terrestre, pour ne nous intéresser qu'à la forme en question, ce cercle, plus ou moins ovoïde, séparant un plan en deux, un intérieur et un extérieur, et muni d'un pic central. Cette forme n'est pas anodine pour un psychanalyste. Elle se retrouve en effet avec une grande fréquence dans le matériel représentatif issu des psychothérapies d'enfants autistes. Par exemple, un de nos patients, jeune adulte autiste, est fasciné depuis l'enfance par le culot des bouteilles de champagne qui font une sorte de cône intérieur. Frances Tustin, psychanalyste d'enfants autistes, considère cette forme comme étant un protosymbole représentant le couplage entre la bouche et le sein. Le pic dur au centre du cercle représentant le sein[7] et l'ensemble constituant une symbole de la relation archaïque avec la mère. On peut ainsi lire la description faite par Darwin de l'opposition entre le calme du lagon et l'océan, comme le déguisement symbolique de l'opposition entre la quiétude de la protection maternelle et les dangers de la réalité externe :

> « L'anneau de corail qui entoure l'île principale est surmonté çà et là par de petits îlots. Du côté du nord, on trouve dans cet anneau une passe par laquelle les bâtiments peuvent entrer. Quand on pénètre dans cette espace de lac intérieur le spectacle est curieux et assez beau ; toutefois cette beauté dépend entièrement de la splendeur des couleurs environnantes. À l'intérieur du lagon, l'eau, transparente, tranquille, peu profonde, repose presque partout sur un fond de sable blanc ; quand cette eau est illuminée par les rayons verticaux du soleil, elle revêt les teintes vertes les plus brillantes ; une ligne de brisants toujours recouverts d'écume, sépare ce lac tranquille des eaux agitées de l'Océan [...][8] »

Darwin en construisant sa théorie de l'effondrement du pic central dans le récif corallien réalise, sur la scène des processus psychiques inconscient, une forme de symbolisation. Nous pouvons en effet y déchiffrer le déplacement sur une observation géologique du refoulement de la mort de la mère de Darwin. Affirmer l'actualité des phénomènes géologiques et nier les catastrophes des temps immémoriaux revient également, sur le plan

7. Tustin F., *Autisme et psychose de l'enfant*, 1977.
8. Darwin C., *Voyage d'un naturaliste autour du monde*, *op. cit.*, p. 243.

des représentations inconscientes, à nier le traumatisme de la mort de sa mère pour l'affadir dans les effets du présent. De plus, le corail, dont l'arborescence est isomorphe à celle de l'arbre généalogique des espèces, symbolise les liens de dépendance entre la mort et la vie, puisque seules les extrémités du corail sont vivantes[9]. Les îles de corail auraient ainsi joué pour Darwin la fonction d'énigme où un grand nombre de signifiants inconscients de sa vie psychique pouvait se condenser[10]. Une telle interprétation peut paraître abusive si elle n'était renforcée par les enseignements issus de l'expérience de la psychanalyse. La clinique psychanalytique atteste en effet de l'étonnante fréquence avec laquelle la géographie, et plus particulièrement la topographie, est utilisée comme matériau symbolique par l'inconscient, dans les rêves tout d'abord où rivières, montagnes et failles diverses sont des figurations du corps, mais aussi dans les symptômes névrotiques où les manifestations d'angoisse lors de l'accès à certains sites géographiques (sommets, cols, plateau...) montrent bien les correspondances secrètes entre la topographie des paysages et l'inconscient. Enfin, si on voulait encore insister sur la légitimité de telles associations, l'anthropologie culturelle témoigne que les lieux du monde sont dans les différentes cultures des marques symboliques et que par exemple, les sommets des montagnes souvent sont des médiateurs symboliques entre la nature et la culture. On est ainsi en droit d'accepter ce principe de la symbolisation inconsciente des lieux physiques rencontrés par Darwin lors de son périple autour du monde. Et cette acceptation, si elle peut faire un

---

9. D'où la notation de Darwin sur les contraste entre forces animées et les forces inanimées : « N'est-ce donc pas un magnifique spectacle que de voir le corps mou et gélatineux d'un polype vaincre, à l'aide des lois de la vie, l'immense puissance mécanique des vagues de l'océan, puissance à laquelle ni l'industrie de l'homme, ni les œuvres inanimées de la nature n'ont pu résister avec succès ? », *Ibid.* p. 250.

10. De façon significative, la description de l'étude des îles de Corail suit celle d'une scène étonnante de magie où est évoqué l'esprit d'un mort : « Nous restons après dîner pour voir une scène à moitié superstitieuse que jouent les femmes indigènes. Une grande cuiller de bois, portant des vêtements, transportée sur la tombe de l'un des leurs, reçoit, disent-elles, des inspirations à la pleine lune et se met à danser. Après quelques préparatifs, la cuiller, soutenue par deux femmes, s'agita de mouvements convulsifs et se mit à danser, en suivant la mesure du chant des femmes et des enfants. C'était un spectacle absurde.... Le lendemain, j'étudie l'origine et la formation si simple et cependant si intéressante de ces îles. », *Ibid.*, p. 248.

instant violence à la rationalité ouvre, comme en dédouanement, des pistes nouvelles. Ainsi, il est assez curieux de lire chez Darwin que chaque découverte d'un objet naturel nouveau est précédée dans le récit du voyage d'une longue description de l'approche qui mène à la rencontre de cet objet. Ces descriptions débutent souvent par le franchissement d'un passage difficile générant des affects esthétiques ou d'inquiétude avant de parvenir à une aire nouvelle où est situé un phénomène inconnu dont Darwin fait le commentaire. Cette clause de style, qui fait d'ailleurs le charme littéraire du *Voyage* peut se déchiffrer comme la mise en scène du plaisir à la rencontre de l'objet après l'épreuve angoissée de l'absence.

En tous cas, Darwin a effectué au travers de cette thèse de l'effondrement central du pic des atolls, un renversement de perspectives scientifiques tout à fait extraordinaire. Or, ce renversement, c'est-à-dire l'abandon de la thèse commune du relèvement du sol faisant émerger le corail et la génération de la thèse inverse, à savoir l'effondrement du pic central, est justement un processus central de la découverte scientifique selon de nombreux historiens des sciences. Selon T.S. Kuhn, l'évolution scientifique procède ainsi par de brusques changement de perspectives[11]. Ce thème du renversement du regard a aussi été bien décrit par François Dagognet dans sa *Philosophie de l'image* justement à propos de la géologie :

> « [...] La géomorphologie sédimentaire nous propose surtout un film inversé des événements qui ont bouleversé les paysages. Ce qui, aujourd'hui est en bas était jadis tout en haut. On a d'ailleurs moins détruit qu'interverti. Il convient d'apprendre à voir le monde à l'envers, parce que tout évoque le retournement.[12] »

On conçoit mieux dès lors l'importance de la géologie dans la pensée de Darwin. Elle est le terrain privilégié du renversement des perspectives, de l'inversion des figures sur le fond. Or, c'est à un processus en partie identique, sinon dans son

---

11. « Les crises scientifiques se résolvent non par un acte de réflexion volontaire ou d'interprétation, mais par un événement relativement soudain et non structuré qui ressemble *au renversement de la vision des formes.* » Kuhn T. S., *La structure des révolutions scientifiques*, 1962, 1983, p. 172.
12. Dagognet F., *Philosophie de l'image*, 1986, p. 9.

contenu, du moins dans le renversement des axes de la pensée, que Darwin devra faire appel bien des années plus tard lors de la démonstration de l'origine des espèces. Il n'est pas indifférent pour notre lecture psychanalytique, que ce renversement des perspectives réalisé dans l'étude des récifs de corail emprunte le même dynamisme que celui de la disparition du sein comme symbole maternel. Il ne vient ainsi en quelque sorte que confirmer à nouveau les enseignements de la clinique psychanalytique ; il n'existe de création que dans la reconstruction de l'objet perdu.

Le temps

Un second élément apparaît dans l'épisode des récifs coralliens. Leur genèse a pu être pensée par Darwin car il avait compris de façon profonde l'effet du temps (l'érosion). Cette internalisation qui permet au scientifique d'utiliser une dimension comme variable suppose une certaine familiarité avec la phénoménologie de l'expérience du temps. Nous y voyons un indice attestant une qualité psychologique de Darwin, celle de la possibilité de penser à l'intérieur d'un référentiel temporel immense, celui de l'échelle géologique. En effet, cette capacité ne va pas de soi, même s'il est vrai que la question du temps et de ses effets sur les objets scientifiques traverse toute l'histoire des sciences du siècle de Darwin. Si le temps comme l'espace sont bien des catégories *a priori* de l'entendement, pouvoir penser des processus se déroulant dans une temporalité aussi démesurée que celle de l'érosion géologique implique la maîtrise de l'angoisse générée par la plongée dans une dimension en dehors de toute expérience humaine. Or il est très singulier de lire chez Darwin la récurrence du thème du temps et en particulier lors de son escale aux Galápagos.

Parmi tous les archipels visités par Darwin, son passage aux Galápagos a été érigé par la plupart des biographes comme le moment central de la découverte de l'évolution. Les commentateurs de Darwin ont cependant tous insisté sur le fait que la thèse de la sélection naturelle n'est pas née chez Darwin lors de cette escale. Il n'y a pas eu d'*Eurêka* chez Darwin à ce moment-là. Il a même mélangé les échantillons de spécimens des différentes îles, alors que leur distinction est un des arguments fondamentaux de sa démonstration future. Mais à la lecture du *Voyage* on ne peut manquer d'être impressionné par le sentiment intime de Darwin d'être proche des conditions de l'apparition de la vie et en face, écrit littéralement Darwin, du mystère des mystères :

> « Cet archipel, en un mot, forme un petit monde à lui seul, ou plutôt un satellite attaché à l'Amérique, d'où il a tiré quelques habitants, et d'où provient le caractère général de ces productions indigènes. On est encore plus étonné du nombre des êtres aborigènes que nourrissent ces îles, si l'on considère leur petite étendue. On est porté à croire, en voyant chaque colline couronnée de son cratère et les limites de chaque coulée de lave encore parfaitement distinctes, qu'à une époque géologiquement récente l'océan s'étendait là où elles se trouvent aujourd'hui. Ainsi donc, dans le temps et dans l'espace, nous nous trouvons face à face avec ce grand fait, ce mystère des mystères, la première apparition de nouveaux êtres sur la terre.[13] »

Ce mystère des mystères de l'apparition des êtres est renforcé par la situation spatiale des îles Galápagos isolées en plein milieu du Pacifique après avoir été attachées à l'Amérique, mais surtout dans le temps, dans la mesure où, *malgré soi*, écrit Darwin, à la vue de ces îles et de leur faune étrange, la pensée se déporte vers les temps immémoriaux :

> « Le géologue, en considérant ce qui se passe dans l'archipel des Galápagos, se trouvera probablement malgré lui[14] reporté à l'époque secondaire, alors que les lézards, les uns herbivores, les autres carnivores, dont les dimensions ne peuvent se comparer qu'à celles de nos baleines actuelles, habitaient en quantité innombrable et la terre et la mer.[15] »

Phrase étonnamment proche de celle de Freud parlant de l'inconscient où l'on rencontre, au détour de l'expérience analytique, des formations archaïques encore actives comme si on pouvait voir s'ébattre dinosaures et autres créatures du secondaire. Ce qui est ici en question, est bien l'abolition du temps et la possibilité offerte à l'observateur de rencontrer des formes de vie inchangées depuis des millénaires. Cette capacité à pouvoir

---

13. Darwin C., *Voyage d'un naturaliste autour du monde*, *op. cit.*, p. 164.
14. Souligné par nous.
15. *Ibid.* p. 177.

penser des durées gigantesques n'est pas un donné en soi. Elle a été préparée chez Darwin par de remarquables expériences subjectives de la temporalité dont la première est relatée dans son autobiographie :

> « J'ai entendu mon père et mes sœurs aînés dire que j'avais très jeune, un goût prononcé pour les longues promenades solitaires ; mais je ne sais plus à quoi je pensais. J'étais souvent très absorbé, au point qu'une fois, en repartant à l'école par les hautes fortifications qui entouraient Shrewsbury, transformées en chemin public, sans parapet d'un côté, je fis un faux pas et tombai, mais d'une hauteur qui n'était guère que de sept ou huit pieds. Cependant, le nombre de pensées qui passèrent dans mon esprit pendant cette chute très courte et néanmoins tout à fait soudaine est étonnant, et semble difficilement compatible avec ce qu'ont établi, je crois, les physiologistes, à savoir que toute pensée requiert nécessairement une quantité non négligeable de temps.[16] »

et dont on retrouve l'étrange écho dans le récit des interminables minutes du tremblement de terre de Concepción :

> « – Le 20 février – Je me trouvais sur la côte, et je m'étais couché à l'ombre dans un bois pour me reposer un peu. Le tremblement de terre commença soudainement et dura deux minutes. Mais le temps nous parut beaucoup plus long, à mon compagnon et à moi [...] Un tremblement de terre bouleverse en un instant les idées les plus arrêtées ; la terre, l'emblème même de la solidité, a tremblé sous nos pieds comme une croûte fort mince placée sur un fluide ; un espace d'une seconde a suffi pour éveiller dans l'esprit un étrange sentiment d'insécurité que des heures de réflexion n'auraient pu produire.[17] »

Tout le récit du tremblement de terre et de ses conséquences dénote que Darwin fut profondément troublé par la relativité du temps :

> « Je n'essayerai pas de faire la description de l'aspect que présentait Concepción, car je sens qu'il me serait impossible d'exprimer ce

---

16. *Autobiographie, op. cit.*, p. 17. Pour Bowlby, cet événement dénote que l'état mental de Darwin correspondait probablement à un état de « fugue », proche du noctambulisme, où l'individu oublie ce qu'il fait, état survenant selon lui chez les personnes qui se sont mal remises d'un deuil. Bowlby J., *Charles Darwin, une nouvelle biographie, op. cit.*, p. 49.
17. Darwin C., *Voyage d'un naturaliste autour du monde, op. cit.*, p. 83.

que je ressentis en voyant cette masse de ruines [...] Il y a quelque chose de navrant et d'humiliant tout à la fois à voir des ouvrages qui ont coûté tant de travail et de temps à l'homme, renversés ainsi en une minute ; cependant on n'éprouve presque pas de compassion pour les habitants, tant est grande la surprise de voir accompli en un instant ce qu'on est accoutumé à attribuer à une longue série de siècles.[18] »

L'expérience du tremblement de terre est alors pour Darwin l'occasion d'une mise en cause des thèses géologiques attribuant aux catastrophes naturelles la genèse des montages. Si terrifiants que soient les effets d'un tremblement de terre, ils ne peuvent expliquer en eux-mêmes la création instantanée de chaînes de montagnes. En fin de compte ces effets spectaculaires d'une catastrophe instantanée sont bien peu de choses face au lent travail continu des forces érosives d'un simple torrent de montagne dont Darwin prend conscience au travers d'une étonnante expérience où l'écoute se substitue au regard :

« Quelle éloquence pour le géologue que ce bruit triste et uniforme de milliers et de milliers de pierres se heurtant les unes contre les autres et se précipitant toutes dans la même direction ! Malgré soi, ce spectacle vous fait penser au temps, on se dit que la minute qui vient de s'écouler est perdue à jamais ! L'océan, n'est ce pas l'éternité pour ces pierres, et chaque note de cette musique sauvage n'est-elle pas le signe que chacune d'elles a fait un pas vers sa destinée.[19] »

Bel exemple de la complémentarité des sens pour la genèse d'une idée nouvelle, car l'observation des formes visibles invite naturellement à penser aux causes abruptes et définitives, alors que l'écoute, intimement liée à la temporalité des événements ouvre la pensée à l'idée de la continuité du temps. Cette remarque de Darwin sur l'éloquence des pierres mérite que l'on si arrête un peu. D'abord, on peut remarquer que cette complémentarité des sens est peut-être un des processus de la pensée créatrice qui est le plus cruellement absent de la pensée scientifique actuelle où l'objet scientifique est observé dans des protocoles stricts et où tout changement de champ sensoriel est

18. *Ibid.* p. 91.
19. *Ibid.* p. 99.

prohibé quand il ne s'agit pas, et c'est le cas le plus fréquent, de bannir toute sensation au profit de la mesure. Cependant on observe parfois des tentatives étonnantes de retour de ces processus de connaissance par transfert entre les sens. Il en est ainsi par exemple des essais d'association de notes musicales aux séquences génétiques du génome permettant ainsi d'entendre « la musique des gènes »[20]. Lubie pittoresque et sans valeur scientifique, mais très significative de la permanence des liens entre la connaissance et la complémentarité des sens. D'une certaine façon, le développement du traitement graphique des données s'apparente également à ce processus où la transposition dans un registre sensoriel de donnés éventuellement abstraites génère des effets immédiats de signification.

Le voyage du *Beagle* a été aussi l'occasion d'une expérience subjective du temps qui permet à Darwin de vaincre une des objections les plus sérieuses à la théorie de la sélection naturelle, celle du temps. Il est en effet intuitivement difficile d'imaginer les longues périodes de temps nécessaires pour que se manifeste le processus évolutif :

> « Il faut examiner par soi-même ces énormes entassements de couches superposées, contempler les vagues rongeant les antiques falaises, pour se faire quelque notion de la durée des périodes écoulées, dont les monuments nous environnent de toutes parts. Il faut surtout errer le long des côtes formées de roches modérément dures, et constater les progrès de leur désagrégation.[21] »

Cette expérience subjective, que seule peut donner l'errance, c'est-à-dire le vagabondage des pensées, est bien la voie permettant de dépasser les bornes des certitudes de l'expérience banale du monde pour parvenir à l'intuition des dimensions véritables où l'immensité de la durée phénomène peut être saisie :

> « Est-il possible de croire qu'un agent, quel qu'il soit, aussi puissant qu'on puisse le supposer, ait pu dénuder le granit sur une superficie de tant de milliers de lieues carrées, si l'on admet en même temps que cet agent est à l'œuvre depuis un temps infini ?[22] »

20. Cf. J.C. Perez qui a mis en musique le « supra code » de l'ADN, *Le Monde*, 30/12/95.
21. Darwin C., *L'Origine des espèces, op. cit.*, p. 337.
22. Darwin C., *Voyage d'un naturaliste autour du monde, op. cit.*, p. 17.

L'infini est alors en perspective, et avec lui tous les vertiges de l'imagination. Ainsi les quelques calculs auxquels se livre Darwin pour évaluer la durée des érosions des falaises du littoral et des failles géologiques l'amènent à l'idée d'éternité :

> « En réfléchissant à ces faits, mon esprit est impressionné de la même manière que par les vains efforts pour concevoir l'idée d'éternité.[23] »

et plus loin :

> « L'esprit ne peut concevoir toute la signification de ce terme : un million d'années ; il ne saurait davantage ni additionner ni percevoir les effets complets de beaucoup de variations légères, accumulées pendant un nombre presque infini de générations. Je me suis un peu étendu sur ce sujet parce qu'il me semble très important de parvenir à nous faire une idée, si imparfaite qu'elle soit, de la durée du temps géologique. Durant chacune de ces années, dans le monde entier, terre et eau ont été peuplées par des myriades de formes vivantes. Quel nombre infini de générations, inconcevables pour notre esprit, ont dû se succéder pendant que passaient lentement les années ! Regardons alors nos musées géologiques les plus riches, et constatons la pauvreté de leurs collections ![24] »

L'importance psychologique de cette prise de conscience particulière de la temporalité ne peut être déniée, surtout lorsque l'on se rappelle que la perte du sentiment religieux chez Darwin est allée de pair avec la construction progressive de l'idée de l'évolution[25]. Les rêveries de Darwin se promenant sur les rivages chaotiques et les falaises éboulées sont aussi à mettre au compte de ces expériences subjectives solitaires. Ces expériences subjectives de dilatation du temps vécu et d'intuition intime de sa relativité ont participé à l'effondrement des certitudes immédiates et à l'émergence de visions nouvelles se déployant dans l'ordre des dimensions cosmiques. Il n'est donc pas étonnant

---

23. Darwin C., *L'Origine des espèces, op. cit.*, p. 339.
24. *Ibid.* p. 341.
25. Sur ce point, Darwin suit les traces de Lamarck qui le premier a intégré la notion du temps dans les sciences naturelles. Cf. Lamarck, *Philosophie zoologique*, 1809, 1994.

que la fin de *L'Origine des espèces* soit marquée par une comparaison grandiose :

> « Le résultat direct de cette guerre de la nature, qui se traduit par la famine et par la mort, est donc le fait le plus admirable que nous puissions concevoir, à savoir : la production des animaux supérieurs. N'y a-t-il pas une véritable grandeur dans cette manière d'envisager la vie, avec ses puissances diverses attribuées primitivement par le Créateur à un petit nombre de formes ou même à une seule ? Or tandis que notre planète, obéissant à la loi fixe de la gravitation, continue à tourner dans son orbite, une quantité infinie de belles et admirables formes, sorties d'un commencement si simple, n'ont pas cessé de se développer et se développent encore ![26] »

Ainsi l'escale aux îles Galápagos et la résolution de l'énigme des îles de corail ont bien constitué des moments génériques où un renversement des perspectives usuelles a été rendu possible, d'abord sur la question ponctuelle des atolls, mais qui se prolongera ensuite sur la grande question de l'évolution. Darwin sera alors en mesure de manier la durée comme un facteur génératif et de remonter de l'apparence immédiate des formes vers la dynamique qui les a engendrées[27]. Cette dynamique se déploie dans un registre temporel immense, en dehors des intuitions immédiates, dans le temps vertigineux, mais maintenant maîtrisé, de l'évolution des espèces.

---

26. *Ibid.* p. 548.
27. Dans un geste épistémologique fort proche de celui de René Thom et des principes de la morphogenèse.

Chapitre VII

Rencontre d'un autre type

On a beaucoup épilogué sur la rencontre de Darwin avec les sauvages rencontrés lors des escales du *Beagle*. Beaucoup de remarques de Darwin ont été utilisées par des commentateurs pour montrer le sentiment dépréciatif ressenti par Darwin à la vue de ces hommes dénués des bienfaits de la civilisation. La question du prétendu racisme de Darwin est souvent nourrie de la mise en exergue de ces remarques. Il est vrai que nombre de passages du récit du *Beagle* dénote un trouble profond de Darwin associant un sentiment de rejet quasi-physique avec des interrogations scientifiques où l'on décèle les prémisses des thèses de *la Descendance de l'homme* :

> « Ces malheureux sauvages ont la taille rabougrie, le visage hideux, couvert de peinture blanche, la peau sale et graisseuse, les cheveux mêlés, la voix discordante et les gestes violents. Quand on voit ces hommes, c'est à peine si l'on peut croire que ce soient des créatures humaines, des habitants du même monde que le nôtre. On se demande souvent quelles jouissances peut procurer la vie à quelques-uns des animaux inférieurs ; on pourrait se faire la même question, et avec beaucoup plus de raison, relativement à ces sauvages ![1] »

Ce type de remarque dépréciative à l'égard des « sauvages » se retrouve en fait tout au long de son œuvre anthropologique et bien évidemment dans *La Descendance de l'homme* où il écrit ainsi :

1. Darwin C. *Le Voyage d'un naturaliste autour du monde, op. cit.*, p. 224.

« Quiconque a vu un sauvage dans son pays natal n'éprouvera aucune honte à reconnaître que le sang de quelque être inférieur coule dans ses veines.[2] »

Il est certainement erroné d'attribuer à Darwin une pensée raciste, au sens pris par cette notion aujourd'hui, sur la base unique de ce type de remarque car cela reviendrai à juger l'idéologie de l'époque à partir de valeurs et de concepts contemporains. De plus le fond de la thèse anthropologique de Darwin, comme l'a montré Patrick Tort, est plus en faveur d'un lien entre la civilisation et les valeurs de sollicitude qu'en faveur des thèses eugéniques qui seront promulguées par des auteurs se réclamant plus tard de lui[3]. D'autres commentateurs ne se satisfont pas d'une pareille construction qui poserait en quelque sorte que la logique du discours annulerait la littéralité du texte et que l'architecture conceptuelle de l'anthropologie de Darwin serait plus importante que les remarques dépréciatives contre les « sauvages », expressions banales des préjugés idéologiques de l'époque. En tous cas, il est communément admis que la rencontre de Darwin avec d'autres cultures a eu une influence dans la genèse de la thèse de la descendance de l'homme. Darwin a pu construire la série évolutive menant du singe à l'homme primitif au travers des ressemblances qu'ils relevaient entre ce dernier et les primates. L'observation des sauvages a également aidé Darwin à construire cette série complémentaire en pensant trouver chez eux le chaînon manquant entre l'homme civilisé et le singe[4]. La rencontre avec les Fuégiens et les tribus indiennes et océaniennes a aussi amené Darwin à prendre conscience du relativisme culturel, autrement dit de la variabilité des traits humains, comme il existe une variabilité des traits animaux et végétaux. Cependant il est remarquable que la thèse darwinienne de la descendance de l'homme ait été construite à partir d'un éprouvé affectif né

2. Darwin C. *The Descent of Man*, *op. cit.*, col. II, p. 440.
3. Comme le cousin de Charles Darwin, Francis Galton (1822-1911), promoteur de l'eugénisme et célèbre statisticien.
4. « Je ne me figurais pas combien est énorme la différence qui sépare l'homme sauvage de l'homme civilisé, différence certainement plus grande que celle qui existe entre l'animal sauvage et l'animal domestique, ce qui explique, d'ailleurs, par ce fait, que l'homme est susceptible de faire de plus grands progrès. » Darwin C., *Le Voyage d'un naturaliste autour du monde*, *op. cit.*, p. 224.

lors de ces rencontres et ceci nous invite à tenter l'analyse psychologique de ce processus.

Sur le plan psychanalytique, le sens de ce type de remarque dépréciative porté à l'encontre d'hommes d'une culture primitive peut s'expliquer par la réactivation d'un conflit inconscient entre les idéaux moraux de la culture d'origine de l'observateur et la vie pulsionnelle représentée par l'apparente liberté de la culture primitive. Ce phénomène a été étudié par G. Devereux dans son livre *De l'angoisse à la méthode dans les sciences du comportement* qui traite spécifiquement du rapport entre l'activité scientifique, du recueil des données à l'interprétation des résultats, et les processus inconscients générés par cette activité[5]. Devereux a particulièrement étudié les réactions affectives des ethnologues à l'étude des cultures étrangères. Il a clairement montré que ces réactions sont déterminées par les éléments propres à l'ethnologue que celui-ci refoule. Ces éléments sont de deux ordres : séduction et angoisse. Nombre de commentaires sur les coutumes des tribus primitives observées par l'ethnologue peuvent être interprétés, selon Devereux, comme l'effet du narcissisme des petites différences, notion freudienne, qui appliquée à l'ethnologie explique la tendance à interpréter les croyances et les pratiques non familières comme la critiques des siennes, motivant la réaction négative de l'observateur.

Il est certain que certains commentaires de Darwin surtout au moment de la rencontre avec les Fuégiens s'apparentent à ce genre de réactions. Mais d'autres annotations de Darwin sur les rites des tribus océaniennes sont exemptes de réactions négatives et dénotent plus une observation aiguisée des rites, sans *a priori*, et avec le souci de la précision descriptive qui fait de Darwin l'un des précurseurs incontestables de l'ethnologie moderne. Par exemple, de nombreuses observations de Darwin dans le voyage du *Beagle* laisse transparaître qu'il a été fortement intrigué par les rites animistes qu'il a pu rencontrer et qu'il les a noté très soigneusement et avec un souci d'objectivité descriptive. Darwin fait également de nombreuses observations sur les

5. Cf. Devereux G., *De l'angoisse à la méthode dans les sciences du comportement*, 1980 p. 78.

comportements gestuels des indigènes, tels par exemple le frottement des nez comme rite de salutation, etc. Cet intérêt de Darwin pour les rites gestuels concrétisera d'ailleurs plus tard par la rédaction du livre sur l'expression des émotions.

Sur le plan psychologique, il est manifeste que les libertés de mœurs des sauvages ont généré de la répulsion sur le plan conscient de par l'effet des interdits culturels (surmoi) tandis que les pulsions inconscientes ne peuvent que trouver des éléments de satisfaction (séduction inconsciente). L'indifférence (apparente) des parents sauvages pour leur enfant a particulièrement troublé Darwin. Il consacre un long passage du voyage à la description d'un infanticide d'un jeune Fuégien qui ne rapportait pas assez de nourriture à sa famille et il s'étonne de l'absence de sollicitude d'une mère Fuégienne vis-à-vis de son nouveau-né :

> « Dans une autre baie, à peu de distance, une femme qui nourrissait un enfant nouveau-né vint un jour près du vaisseau ; la seule curiosité l'y retint fort longtemps, bien que la neige tombât sur son sein nu et sur le corps de son bébé. [...][6]»

Le récit de cette scène invite à l'analyse. La disposition générale est celle d'un double regard, celui du couple mère /enfant regardant le vaisseau (donc Darwin lui-même dont on est en droit de penser qu'il est alors à bord) et celui de Darwin vis-à-vis du couple. Cette disposition en vu/être-vu signe la valence fantasmatique de la scène. Plus qu'un simple décentrement dénotant un relativisme culturel ou le rapport à l'autre, cette dualité du regard évoque le travail du fantasme, comme celui du rêve, qui présente à l'intérieur d'une même scène le regardant et le vu. Les personnages du couple mère/enfant sont aussi porteurs d'éléments significatifs (de sèmes pour reprendre la terminologie de la sémiotique moderne). Le sein nu couvert de neige évoque symboliquement la froideur des relations affectives entre la mère et l'enfant. Par exemple, Karl Abraham cite le cas d'un tableau représentant des femmes planant au-dessus d'un champ de neige[7]. Ce tableau exprime, selon Abraham, le

6. Darwin C., *Voyage d'un naturaliste autour du monde, op. cit.*, p. 233.
7. Abraham K. *Œuvres Complètes*, 1913-1925, édition française, tome 1, rêve et mythe, 1965.

complexe inconscient du peintre en rapport avec une imago de la mauvaise mère. La neige représente ainsi la froideur des relations mère / enfant et le sentiment d'abandon vécu par l'enfant. L'élévation des corps évoque la faute de ces mères qui ont préféré les jouissances sensuelles à la relation maternelle. Cette association symbolique se retrouve dans un fait clinique aussi banal que les fluctuations de l'humeur selon les variations du climat. D'autres observations pourraient confirmer le fait assez fréquent de la projection sur la froideur de la neige de la représentation de la froideur maternelle et en fin de compte de la mort[8]. Tout ceci nous invite à déchiffrer sous les remarques consacrées aux observations de sauvage l'impact de représentations inconscientes ayant trait aux relations de parenté et à la problématique inconsciente de Darwin dont nous avons vu qu'elle était partagée entre la tentative de restauration de l'image maternelle et le rapport conflictuel au père. On conçoit alors aisément que la vue des sauvages l'ait particulièrement troublé et que ceux-ci aient constitué des figures projectives.

Ce qui est particulièrement intéressant de remarquer chez Darwin, c'est que ce rapport aux primitifs ne s'est pas réduit à un rejet du moi sous des impératifs surmoïques, ce qui aurait pu se traduire par des jugements semblables à ceux dont la fin du XIXe siècle est coutumier au sujet des primitifs, mais qu'il s'est prolongé par la thèse révolutionnaire de la descendance animale de l'homme. Ceci ne peut se comprendre, sur le plan psychanalytique, que si l'on accepte l'idée qu'il s'est produit une certaine identification de Darwin aux sauvages. Cette identification, conflictuelle car elle condensait à la fois la répulsion et la séduction, s'est vue transmuée par une forme de compromis où la communauté d'appartenance est acceptée. Autrement dit, l'homme primitif est bien en nous tous, mais la civilisation a modifié l'expression de son comportement dans une forme dont la part la plus haute est la sollicitude pour l'autre. L'évolution humaine tend en effet selon Darwin vers une sorte d'état de grâce où les facultés morales sont sélectionnées progressivement et finissent par dominer l'ensemble des sociétés humaines. Il

8. Cf. par exemple, le conte d'Andersen sur la vierge des glaces et son mortel baiser glacé (1862).

nous faut donc accepter l'idée que l'anthropologie explicite de Darwin tient sur une sorte d'idéalisation des valeurs morales et en particulier de la sollicitude pour les plus faibles et sur la dépréciation de l'état de nature. La figure de l'homme primitif représente ainsi pour Darwin la part de la vie pulsionnelle dont les exigences de la civilisation ont imposé la répression. Il y a là une thèse dont les tenants rationnels peuvent être éclairés par les enjeux inconscients.

Dans *La Descendance de l'homme*, Darwin utilise ainsi une démonstration mettant en jeu deux tribus se disputant un même territoire. L'une des tribus, pour des raisons liées à la variabilité, se trouve pourvue d'hommes aux grands qualités morales, en particulier de sympathie et d'altruisme. L'autre tribu est dépourvue de tout sens moral et d'aide aux plus faibles qui sont abandonnés à leur triste sort. Darwin postule que les qualités morales sont de nature à permettre à la première tribu de supplanter l'autre tribu et ainsi de devenir dominante. Les descendants de cette tribu héritent alors des qualités morales de leurs parents et font perdurer la domination. Un tel argument peut être lu comme la rationalisation du combat entre le bon et le mauvais, entre les forces de vie et la pulsion de mort. Il est une figuration nette du processus de clivage et une idéalisation de la victoire du bon objet sur les puissances de mort. Ainsi, on mesure mieux la force qu'a dû mettre en œuvre Charles Darwin pour promulguer la notion de la descendance de l'homme : poser la communauté d'appartenance de l'homme au monde animal, c'est au fond regarder en soi l'existence du monde pulsionnel mais c'est aussi s'en dédouaner en faisant porter son origine sur la loi collective de la descendance et non sur la responsabilité individuelle.

Il ne s'agit pas, bien sûr, d'accuser ici Darwin de ne pas connaître Freud, alors que son œuvre précède la psychanalyse chronologiquement et que par ailleurs, on l'a vu Darwin lui a ouvert largement la voie. Mais il est légitime sur le plan de l'histoire des idées de relire Darwin à la lumière de la psychanalyse. Il est alors aisé de voir que le grand absent de l'anthropologie darwinienne par rapport à l'anthropologie freudienne est bien le meurtre mythique du père primitif instituant la culpabilité et les fondements du lien social. Chez Freud, il y a bien un instant premier, un traumatisme originel, qui institue le passage discontinu entre la nature et la culture alors que chez Darwin le gradualisme des facultés sociales et morales entre le singe, le primitif et l'homme civilisé, implique la continuité de ce passage et donc au bout du compte la négation de ce moment premier.

Chapitre VIII

La destinée d'une curiosité infantile

Nous disposons maintenant de suffisamment d'éléments pour essayer de retracer dans les chapitres qui suivent ce que fut la démarche sous-jacente à l'élaboration consciente de l'œuvre de Charles Darwin. Nous avons vu lors du chapitre consacré à ses années de formation et ses travaux scientifiques que la trajectoire intellectuelle de Darwin a été marquée par un effet de déplacement continuel de ses goûts initiaux pour la chimie sur la botanique, puis sur la géologie, sur la biologie et enfin sur l'anthropologie générale. L'importance de cet effet de déplacement peut être largement discutée. Au XIXe siècle l'ensemble de ces objets d'étude était bien constitutif du champ d'investigation d'un naturaliste. Darwin, comme d'autres scientifiques de ce siècle, n'aurait donc pas admis que l'on distinguât comme hétérogènes l'étude des minéraux, celle de la flore ou de la vie des sauvages. Cependant dans le cas de Darwin, le processus de déplacement est bien central et il mérite que l'on s'y attarde. Rappelons-nous que Darwin a apporté sur le *Beagle* le premier tome des *Éléments de géologie* de Lyell qui avançaient contre les tenants du catastrophisme de Cuvier[1] l'idée que les formes géologiques observables étaient encore sous l'objet de forces actuelles. Lyell invitait ainsi à abandonner la notion de catastrophes anciennes qui auraient modelé le visage de la Terre. Darwin pris lentement conscience lors du voyage du *Beagle* de la

1. Cuvier G., *Discours sur les révolutions du globe*, 1867.

pertinence de cette nouvelle vision de l'histoire de la terre. Transposée dans l'histoire naturelle, le gradualisme de Lyell invitait à penser qu'il était possible que les formes biologiques actuelles, les espèces, soient également soumises à un déterminisme toujours actuel, et non à celui d'une création primitive et achevée.

Sur le plan psychanalytique, un tel thème n'est pas sans signification chez un homme qui a perdu sa mère dans son enfance. On peut légitimement avancer l'hypothèse que la question du catastrophisme géologique recouvre inconsciemment chez Darwin celle de la catastrophe psychique de la perte de l'objet maternel. L'âge aidant, le traumatisme pathogène du deuil est apparemment atténué, mais bien que refoulé, il reste vivace dans l'inconscient. Il n'est alors pas absurde de penser que la thèse du catastrophisme géologique, posant l'existence d'événements catastrophiques dans des temps immémoriaux, a réactivé, dans l'inconscient de Darwin, les représentations inconscientes associées à la perte de sa mère. Dès lors, le moi enfantin de Darwin n'a eu comme solution que de tenter de mettre à l'écart les représentations conscientes actuelles liées aux représentations refoulées. À l'âge adulte, cette reprise du refoulement prend alors les formes d'une sympathie pour les thèses nouvelles qui invalidaient la thèse du catastrophisme géologique et finalement nourrit la conviction profonde chez Darwin que cette dernière thèse est vraie et que la gradualisme peut s'étendre aussi aux formes vivantes. Cependant ce déplacement a été possible parce qu'il a existé auparavant un déplacement plus originaire, plus ancien dans l'histoire inconsciente. Ce déplacement originaire, nous avons été le chercher dans la toute petite enfance de Darwin et son autobiographie nous a fourni des indices appréciables. La dérivation du but de la satisfaction sadique, faire mal à l'autre et en tirer du plaisir, vers celui de la curiosité scientifique, rechercher les causes des phénomènes observés au travers d'une mise en expérimentation de l'objet, ne rend en effet pas compte de la transformation de l'objet initial dans le nouvel objet constitué par la découverte scientifique. On peut bien sûr considérer que l'investissement d'énergie libidinale sur un objet entraîne une modification qualitative et donc la naissance du nouvel objet, constitutif de la découverte scientifique. Certains faits de l'histoire des sciences sont en faveur de cette thèse, en particulier ceux ayant trait à l'effort de réalisation d'un auteur. En d'autres termes, il faut du temps et de beaucoup de travail pour réaliser une découverte scientifique majeure. Le délai entre le recueil des données du *Voyage du Beagle* (1831-1836) et la parution de *L'Origine des espèces* (1859) plaide en faveur de l'importance de ce facteur d'économie psychique, même s'il est certain que Darwin a commencé à douter de la fixité des espèces probablement dès le début du voyage et peut-être même avant. D'autres faits de l'histoire des sciences montrent *a contrario* que des découvertes furent faites en dehors de cette dimension de travail long et continu. En tous cas, il est difficile d'admettre que seul un facteur quantitatif, énergétique, peut rendre compte à lui seul des processus de découverte. Il est plus intuitif de penser que les véritables découvertes scientifiques importantes sont des transformations qualitatives radicales des objets. Il doit donc exister un autre facteur, en plus du facteur économique qui permet cette transformation.

Prenons justement comme point de départ, le décalage entre la parution de *L'Origine des espèces* et le moment où Darwin était convaincu de la justesse de l'évolution des espèces. Ce décalage a reçu beaucoup d'explications de la part des commentateurs de Darwin. Certaines ont trait à ses précautions scientifiques, d'autres à la recherche d'une maîtrise dans l'argumentation. Ce décalage temporel peut être l'objet d'une autre explication. Exploitons jusqu'au bout l'idée freudienne de la sublimation comme déplacement de l'objet de la pulsion sexuelle et considérons, à nouveau à titre d'hypothèse de travail, l'ensemble de l'œuvre de Darwin comme une tentative de résoudre, sous une forme déplacée, une question touchant à la curiosité sexuelle. Freud nous a invité à voir un déroulement temporel et fort logique dans l'élaboration des théories sexuelles infantiles. La question fondamentale est celle de l'origine des enfants. D'où viennent les enfants ? Cette question est posée par l'enfant dans l'ignorance du fonctionnement précis des organes génitaux et de la reproduction. Puis secondairement, cette question se précise dans une deuxième interrogation à la suite d'une nouvelle naissance dans la famille : « D'où est venu cet enfant qui vient perturber la place que j'occupe dans l'affection de mes parents ? ». À partir de cette double question, l'enfant choisit généralement le chemin le plus court pour obtenir une réponse. Il s'adresse alors aux parents. D'après Freud, trois types de réponses sont généralement produits à ce moment là. Le première type correspond à une réponse évasive. Elle vise à dérouter l'enfant de sa question. Le second type prend les voies de la réprimande. Elle cherche à culpabiliser l'enfant de son désir de savoir. La troisième réponse que Freud appelle « mythologique » utilise le biais d'un déguisement symbolique en proposant un mythe des origines. C'est ce dernier type de réponse qui nous intéresse particulièrement car il engendre chez l'enfant un long processus d'investigation secrète. Ce processus, par bien des aspects, rappelle celui qui a conduit Darwin à la genèse de la théorie de l'origine des espèces. L'enfant, nous dit Freud, ne peut se satisfaire de la réponse mythologique et du déguisement symbolique du rôle des organes génitaux. L'observation de la nature et des animaux l'amène rapidement à douter de la véracité de la réponse, chose encore plus importante, à associer à la nature de sa question la suspicion d'un interdit parental, l'emmenant à poursuivre en secret ses investigations. Il s'ensuit, dit Freud, un clivage psychique entre l'accord apparent sur l'authenticité de la réponse mythologique et une recherche inconsciente sécrète sur le rôle de la sexualité dans l'origine des enfants.

Il est frappant de voir de nombreuses similitudes lorsque l'on rapproche ce processus de la genèse de l'œuvre de Darwin. Ce dernier a présenté très tôt un goût marqué pour l'observation de la nature, comme s'il était mû par la nécessité de rechercher une réponse à une question interne. Ensuite, on l'a vu, l'idée de la dérivation des espèces a été ressentie comme une pensée coupable. Elle a été maintenue secrète pendant de longues années. Ces années sont justement l'objet d'un long travail de biologie sur un animal, le Cirripède, qui présente un mode de reproduction tout à fait singulier[2]. Les Cirripèdes sont en effet des organismes bien étranges. Malgré leur apparence de

2. Darwin C. A *Monograph of the Subclass Cirripedia, with Figures of All the Species*, 1851-1854.

coquillage, ce sont des crustacés vivant accrochés sur des rochers. Leurs larves deviennent adultes au travers de deux métamorphoses donnant des organisations très fortement contrastées. Dans le premier état larvaire, l'organisme développe une bouche et des appareils de nutrition très développés mais un appareil sensoriel réduit à un œil unique rudimentaire. La première métamorphose transforme la larve en une deuxième organisation douée cette fois d'un appareil sensoriel complexe comportant deux yeux performants, des antennes munies de capteurs très sensibles et un appareil locomoteur lui permettant de se déplacer. Chose extraordinaire, la bouche se ferme et disparaît, empêchant l'organisme de se nourrir. L'ensemble de ces transformations a pour but de permettre à la larve de se déplacer à la recherche d'un site où elle pourra se fixer pour subir sa seconde métamorphose et finir le reste de sa vie. Cette seconde métamorphose donne l'organisme adulte, chez lequel l'appareil sensoriel régresse jusqu'à devenir quasiment semblable au premier état larvaire. L'appareil locomoteur se modifie ensuite pour ne permettre que la préhension d'objets alimentaires portés à la bouche reconstituée de l'organisme. Le mode de reproduction est également étonnant. Les Cirripèdes sont hermaphrodites. Ils peuvent, selon les variations des circonstances externes adopter aussi un autre mode de reproduction. Certains d'entre eux évoluent alors vers des organismes mâles, simples vésicules porteuses de l'appareil reproducteur masculin, sans aucun autre appareil fonctionnel et vivent alors en parasite à *l'intérieur* des autres Cirripèdes femelles. Même si rien ne nous autorise à poser que Darwin s'est intéressé à ces organismes pour un mobile inconscient ayant trait aux théories sexuelles infantiles, il reste, en tous cas, que la biologie de ces organismes peut en fournir une formidable illustration fantasmatique. On retrouve en effet les variations multiples des théories sexuelles infantiles où les scénarios les plus inimaginables sont pourtant pensés par les enfants pour expliquer la reproduction : pénétration d'un germe par la bouche qui se transporte jusqu'au sein de la mère, fécondation auriculaire par des mots particuliers ayant un pouvoir germinatif, etc.

D'autres éléments théoriques de l'œuvre de Darwin sont également fort proches des représentations de la sexualité infantile. La théorie de la création des espèces de Darwin nécessite, on l'a vu, la possibilité d'une distribution géographique. C'est à partir du moment où une espèce est isolée géographiquement par des barrières naturelles des autres individus vivant dans l'ancien environnement qu'elle peut alors évoluer différemment et aboutir ainsi à une nouvelle espèce. En ce qui concerne la faune, le problème peut être en partie résolu par les phénomènes migratoires. Un groupe d'individus peut être entraîné par les circonstances à se déplacer vers un autre lieu. Le problème est autrement plus difficile pour les espèces végétales. S'il existe des espèces différentes dans différentes régions du monde, c'est en théorie qu'elles dérivent d'une forme initiale qui s'est disséminée géographiquement. Comment expliquer cette dissémination entre le continent et des îles situées en plein océan ? L'explication d'une ancienne continuité terrestre entre les îles et le continent semble peu satisfaisante pour Darwin qui curieusement semble toujours douter de la réalité historique de ce lien. Darwin en vient alors à construire de nombreuses explications pour essayer d'expliquer comment les graines peuvent être transportées. Elles voyagent accrochées aux pattes des oiseaux déportés par des tempêtes ou sont portées par les cadavres d'animaux dérivant sur l'océan. Elles sont également disséminées dans les fientes des oiseaux de mer transportés par des icebergs ou par des blocs erratiques, etc.[3]. La lecture de nombreuses pages de *L'Origine des espèces* laisse l'impression étrange que Darwin cherche à tous prix à convaincre mais que lui-même est conscient de la fragilité des observations qu'il présente pour confirmer l'hypothèse de la possibilité d'une dissémination accidentelle des graines dans le monde.

Nous laisserons de coté la question de la validité scientifique des arguments employés par Darwin, mais nous ne pouvons par contre, sur le plan psychanalytique, qu'être frappés à nouveau par la proximité des explications de Darwin avec les constructions des théories sexuelles. Dans les deux cas, il manque la connaissance réelle du vecteur permettant la propagation de la vie. Pour Darwin, il s'agit d'imaginer comment les graines sont propagées par-delà les mers, pour l'enfant de comprendre

3. *L'Origine des espèces*, *op. cit.*, p. 421.

comment une grossesse peut survenir alors qu'il est dans l'ignorance du rôle exact des organes génitaux. Le franchissement des obstacles naturels devient pour Darwin une énigme qu'il n'aura de cesse de résoudre. D'où viennent ces étranges blocs erratiques ? Comment voyagent les graines ? Comment les espèces peuvent-elles se propager d'un continent à l'autre ? Il est frappant de voir que toutes ces questions sont fort proches des théories sexuelles forgées par les enfants pour rendre intelligible la reproduction. En d'autres termes, comment la « graine » peut-elle pénétrer le corps de la mère ? On est donc tenté de considérer que c'est bien la reprise des préoccupations de la sexualité infantile qui a permis, au travers de leur rationalisation, leur utilisation dans le débat théorique. Tout se passe comme si Darwin avait tout au long de son œuvre suivi les étapes de l'élaboration que réalise chaque enfant face au mystère du refoulement adulte de la sexualité. Toutefois il existe des différences. D'abord le clivage psychique menant au refoulement du désir de savoir n'est pas présent chez Darwin puisque la réalisation de son œuvre témoigne de sa mise en échec. Là où l'enfant peut être amené à développer une inhibition intellectuelle (ne pas savoir puisque cela est interdit), Darwin développe au contraire une mise en acte de cette recherche, lente, minutieuse, et finalement efficace, puisque la démonstration scientifique de Darwin est magistrale. La proximité troublante entre les aléas de la curiosité sexuelle infantile et l'œuvre de Darwin place donc bien celle-ci au cœur de la sublimation. Cependant elle ne permet toujours pas de comprendre comment Darwin a pu franchir le saut entre une curiosité sexuelle déplacée sur un objet scientifique et la création d'une théorie. Nous devons donc aller plus loin et exploiter dans le prochain chapitre les résultats fournis par notre analyse du *Voyage d'un naturaliste autour du monde.*

Chapitre IX

> Il n'y a de science que dans la mesure où l'on plonge le réel dans un virtuel contrôlé. Et c'est par l'extension du réel dans un virtuel plus grand que l'on étudie ensuite les contraintes qui définissent la propagation du réel au sein de ce virtuel.
>
> R. THOM

L'espace d'une découverte

Imaginons un homme se promenant sur un chemin de campagne semé de cailloux et bordé de plantes et de fleurs sauvages. S'il est perdu dans ses pensées, il peut avancer sans voir, entendre, ni sentir aucun des objets de la nature. Son attention n'est pas portée sur la réalité externe, bien que sa perception soit active. Il peut être ainsi amené à dévier sa marche pour éviter un caillou gênant et son oreille être momentanément attirée par le sifflet d'un oiseau. Toute autre est l'attitude d'un promeneur cherchant à jouir des impressions sensorielles de sa promenade. L'œil aux aguets, l'oreille en alerte et humant les senteurs des fleurs, son attention est intentionnellement dirigée vers la perception. Ces deux hommes, dans le même chemin de campagne, ne vivront pas la même expérience de la réalité parce que leur mode de fonctionnement perceptif n'est pas le même, parce que leur attention diffère, bref parce que leur réalité interne au moment de cette promenade est essentiellement distincte. Sans doute, pourrait-on objecter qu'il s'agit là d'une situation triviale fort différente de l'observation scientifique. Il est probable que deux botanistes rigoureux établiraient sur la même portion de chemin la même liste exhaustive de plantes existantes. L'intention scientifique permettrait alors de dépasser les difficultés liées aux conditions internes des observateurs. Cependant ceci n'est vrai qu'à la condition que ces botanistes imaginaires aient avant coup connaissance sinon du registre des plantes potentiellement existantes, du moins des critères de classification. Cette homogénéité de l'observation scientifique est donc une homogénéité *a posteriori*. Tout change quand ces connaissances *a priori* manquent et qu'on entre véritablement dans le domaine de l'inconnu.

À bien des titres, Darwin a été proche de ce second promeneur aux rêveries inspirées par le bruit d'un torrent et le vol d'un oiseau et dont le regard finissait par se réfléchir dans les yeux des Fuégiens ou des indigènes océaniens. Ainsi Darwin à de nombreuses reprises s'est-il laissé entraîner à une sorte d'identification projective sur les objets rencontrés lors de son voyage. La première escale du *Beagle* fut ainsi l'occasion d'une observation apparemment anodine, mais qui est néanmoins révélatrice de l'état d'esprit dans lequel se trouvait Darwin au début du voyage. Alors qu'il se promène sur les bords de mer laissés libres par la marée descendante, à la recherche de spécimens marins, il voit dans une flaque d'eau de mer coincée entre des rochers, un petit poulpe :

> « Un de ces animaux, qui semblait parfaitement comprendre que je le surveillais, m'amusait beaucoup en employant tous les moyens possibles pour se soustraire à mes regards. Il restait immobile pendant quelques temps, puis il avançait furtivement l'espace d'un pouce ou deux, tout comme fait le chat qui cherche à se rapprocher d'une souris.[1] »

Le récit de cette rencontre dénote une projection sur l'animal de la curiosité de Darwin. Prêter une finalité comportementale de type anthropomorphique à un animal constitue un indice du processus d'identification de Darwin à l'objet observé que nous retrouvons dans toute son œuvre. Ainsi, il est

1. Darwin C., *Voyage d'un naturaliste autour du monde*, *op. cit.*, p. 12.

fascinant de voir l'intensité de l'intérêt que Darwin porte à ces vers de terre dont il étudia les comportements à la fin de sa vie et son émerveillement devant les capacités des ces êtres, sourds, aveugles, à réaliser des constructions de feuilles semblables à des tours[2]. Cette projection de traits anthropomorphiques sur les animaux est également impliquée dans l'étrange fixation phobique de Darwin sur les serpents que Freud a retenu pour montrer la fréquence des phobies d'animaux :

> « Je pense que cet aspect si repoussant provient de ce que les traits se trouvent placés, l'un par rapport à l'autre, à peu près dans la même position que ceux de la figure humaine, ce qui produit le comble du hideux.[3] »

Il ne s'agit pas ici, contrairement à ce qu'une lecture rapide pourrait laisser penser, d'une simple projection anthropocentrique qui viserait à attribuer à l'animal les qualités que l'on prête à l'homme, procédé encore parfaitement courant à l'époque. L'animal regarde l'homme, comme l'homme regarde l'animal. Tout se passe comme si Darwin a été conduit à renverser sa propre situation d'observateur dans celle d'observé et à faire l'expérience de la réflexivité de l'observation au travers de ce processus remarquable de l'identification aux données d'observation. Car l'identification à l'objet est bien un processus central de la cognition. Le sujet se projette dans l'objet et adopte son point de vue. Par ce processus de décentrement, il devient possible de faire abstraction des présupposés contextuels qui pèsent sur la connaissance intuitive et de poser un regard neuf sur l'espace environnant l'objet. L'identification aux données est la condition de l'émergence du nouveau car elle permet le renversement des perspectives dont l'histoire des sciences montre qu'elle est au cœur des véritables découvertes scientifiques. La véritable découverte, celle qui permet de créer le nouveau, implique donc quelque chose de plus que l'apparente intention du regard. Ce supplément de regard, pourrait-on écrire, réside dans le voir certes, mais aussi dans le fait d'être vu, pour enfin

2. « They act in nearly the same manner as would a man, who had to close a cylindrical tube with different kinds of leaves, petioles, triangles of paper, etc., for they commonly seize such objects by their pointed ends. » Darwin C., *The Formation of Vegetable Mould, through the Action of Worms*, 1881, 1993, p. 552.
3. Darwin C., *Voyage d'un naturaliste autour du monde, op. cit.*, p. 107.

voir par les yeux de l'autre, que celui-ci soit un petit poulpe ou un gigantesque condor survolant les montagnes et dont Charles Darwin partagera l'instant d'une rêverie le majestueux vol circulaire.

Cette capacité à s'identifier à l'objet n'est cependant plus une aptitude valorisée dans l'univers scientifique contemporain où règne l'obsession de l'objectivité de l'observation. Pour le credo méthodologique de la science contemporaine, le fait scientifique doit d'abord être observable, soit de façon immédiate, soit au moyen d'instruments, mais il doit être pure objectivité et essentiellement indépendant de l'observateur, tout du moins pour les observations ne relevant pas des principes d'inter-complémentarité propres à la physique des particules. La science contemporaine est orientée de façon univoque par la décomposition du réel au travers de l'investigation perceptive magnifiée par ses prolongements instrumentaux. L'investigation scientifique peut être considérée comme la réalisation socialisée d'une certaine conception de la connaissance où la réalité externe est appréhendée au travers d'un acte univoque : les *informations* de la réalité parviennent au sujet au travers de l'expérience perceptive.

Pour beaucoup de chercheurs en sciences cognitives, la représentation des états du monde extérieur ne peut ainsi exister qu'au travers de la simultanéité des modalités sensorielles. La capacité à calibrer les récepteurs sensoriels de façon à maintenir la cohérence de l'information spatiale qu'ils transmettent constitue une condition nécessaire de l'intentionnalité[4]. Le phénomène cognitif de la calibration a ainsi pour fonction d'opérer un alignement des cartes rétinienne, tactile, auditive (etc.), pour harmoniser les informations portant sur la localisation d'un événement perçu simultanément par plusieurs organes des sens. Il existerait chez l'enfant une capacité innée à extraire de la réalité externe des invariants spatiaux et donc à identifier des objets et des événements indépendamment de ses propres états internes. Pourtant, il y a dans tout acte de connaissance, y compris dans l'acte premier de la prise perceptive sur le monde, une inconnue qui échappe fondamentalement à l'intentionnalité

---

4. Proust J., « L'espace, les sens et l'objectivité », *Perception et intermodalité, approches actuelles de la question de Molyneux*, (dir.) J. Proust, 1997.

de la conscience. Aucune théorie de la perception la posant comme un processus univoque destiné à transmettre des informations pertinentes sur le plan adaptatif ne peut être compatible avec l'expérience analytique qui prouve constamment la réversibilité des processus de perception en processus projectifs[5], ceux-ci découlant directement des désirs inconscients. L'expérience analytique, comme d'une autre façon l'expérience esthétique, nous enseignent que l'on ne peut donc considérer la perception comme un simple processus ayant pour finalité de coder la réalité extérieure et de la mettre au format des traitements cognitifs de la pensée. La psychanalyse invite plutôt à penser les fondements de l'activité perceptive comme un processus réversible présentant un pôle réceptif où certaines singularités physiques du monde extérieur sont codées au travers de processus sensoriels, et un pôle actif, au travers de l'activité projective où le sujet privilégie certains éléments externes dans l'ensemble des éléments perçus pour des motifs qui ne sont pas directement compréhensibles dans l'ordre de la raison mais qui relèvent de l'intentionnalité inconsciente, c'est-à-dire au fond de la projection du fantasme sur la réalité.

Or, nous avons vu que de nombreuses observations décisives de Darwin ont bien porté sur des singularités physiques, telles les formes des becs des pinsons des Galápagos, mais aussi très fréquemment sur les discontinuités entre des milieux continus[6]. Cela se comprend bien car d'une certaine façon, l'opposition continu *vs* discontinu est consubstantielle à la biologie. Michel Foucault a analysé dans *Les mots et les choses* le discours classificatoire du XVIIIe siècle sur les êtres vivants et a montré le jeu réciproque des notions de continu et de catastrophe[7]. On sait que la théorie de Darwin renouvelle en profondeur cette question. Le catastrophisme, considéré comme la cause de l'engendrement des formes de vie, est remplacé par le gradualisme[8] de

5. Cf. Sami-Ali, *De la projection, une étude psychanalytique*, 1970.
6. Pour Gérard Holton, l'opposition continu / discontinu est considérée comme un *themata* central de l'histoire des sciences c'est-à-dire une problématique active et productrice de théories. Holton G., *L'imagination scientifique*, 1973, 1981.
7. Foucault M. *Les mots et les choses*, 1966.
8. Cf. Sur cette question de la continuité l'article de Y. Bouligand, « La question de la continuité en évolution biologique » dans *Passion des Formes – à René Thom*, 1994.

l'évolution des espèces. Cependant la marque du discontinu ne disparaît pas pour autant. Elle est ainsi présente au cœur des bifurcations entre les espèces dont la définition utilise l'argument de la stérilité inter-espèces et donc du cloisonnement rigide entre des classes devenues strictement discontinues.

En quelque sorte, sur le plan de la psychogenèse de la création scientifique chez Darwin, ces morphologies de type discontinuité de milieu continu apparaissent comme génératrices de théories. C'est bien d'abord l'observation de l'objet et de ses variations (formes, singularités, etc.) qui ont amené Darwin à devoir construire un nouvel espace référentiel aux dimensions élargies par l'ancienne continuité de l'espace géographique et les durées gigantesques de l'échelle de temps géologique. Ensuite, à l'intérieur de ce nouvel espace référentiel sont théorisés les processus à la source des variations observées. On peut ainsi décrire ce processus de connaissance comme un mouvement remontant de l'objet observable jusqu'aux dynamiques qui lui ont donné naissance. Ainsi s'expliquent dans le travail intérieur de la pensée de Darwin, la succession de la découverte des objets, l'énigme de leurs variations, puis la construction des dimensions spatiales et temporelles pouvant accueillir alors la théorie des processus évolutifs.

Il est très frappant de voir que l'heuristique utilisée par Darwin, c'est-à-dire la façon logique de parvenir à la constitution de sa thèse, suit un déroulement très proche de celui proposé par certains épistémologistes pour rendre compte du développement de l'histoire des sciences. Ainsi selon Jean Piaget et Rolando Garcia, il existe un parallèle entre trois moments dans le développement de l'individu et dans celui de l'histoire des sciences. Lors du premier moment, nommé *intra-figural*, le sujet attribue à l'objet, considéré indépendamment de l'espace où il se trouve, une détermination interne (existence d'un moteur interne pour les mobiles par exemple). Ce temps est celui de la croyance dans la nécessité interne des observables[9]. La connais-

9. « La pseudo nécessité est un phénomène courant des premiers niveaux de la psychogenèse des connaissances et elle exprime la difficulté à imaginer d'autres possibles que celui qui est actualisé en une réalité donnée ». Piaget J, Garcia R., *Psychogenèse et histoire des sciences*, p. 96.

sance ne découle pas alors du besoin, mais *de l'imagination créatrice*[10]. Le deuxième temps, dit inter-objectal, est celui de la construction d'un référentiel externe permettant de situer l'objet (dans le plan puis dans l'espace), et de décrire son comportement. Le troisième temps, *trans-objectal*, consiste en l'utilisation de transformations portant sur des relations et non sur les objets eux-mêmes. Selon la thèse fondamentale de Jean Piaget, ces trois moments sont reliés dans une construction assimilatrice où les phases antérieures sont assimilées aux phases successives.

Or il existe un parallélisme entre la succession de ces moments dans la psychogenèse et ceux de l'histoire des sciences[11]. Pour Piaget et Garcia, l'histoire de la mécanique d'Aristote à Newton est guidée par l'élimination des pseudo-nécessités. En résumé, Aristote s'interroge à propos de la nature du corps qui tombe et de la façon dont ses attributs se modifient pendant la chute. Galilée laisse de côté de telles questions pour se concentrer exclusivement sur la comparaison des distances et des temps de chute. Newton réduit le problème à une relation dans le système Terre pierre et l'étend au système Soleil Terre en éliminant la limitation imposée par Aristote de la nécessité de perfection et d'incorruptibilité attribuée à l'univers situé au-delà de la Lune. La longueur et l'intervalle de temps, conçus comme des propriétés absolues dans la mécanique de Newton, seront alors relativisés par Einstein. Ils ne seront plus des attributs mais des relations dans un système qui comprend aussi le cadre de référence de l'observateur. Ces propriétés de niveau supérieur subiront à leur tour le même processus historique dans le

10. « Le réel consistant en observables directement atteints par la perception, chacun croit le connaître, et lorsqu'un fait se répète avec quelque généralité, il est par là même conçu comme nécessaire et seul possible en son domaine. Pour éprouver le besoin de vérifier qu'il est réellement tel qu'il paraît, la condition préalable est donc de dépasser le réel, d'imaginer d'autres possibles et par conséquent d'inventer des problèmes sur des points où il semble qu'il ne s'en pose aucun » *Ibid.* p. 102.

11. À l'exception notoire et importante de la topologie. D'après Piaget la psychogenèse est en effet marquée par l'antécédence du topologique sur les formes euclidiennes (l'enfant dessine d'abord des entités ouvertes ou fermées avant de dessiner des ronds et des carrés). Ce point de l'antécédence du topologique a été vivement critiqué par René Thom. D'après lui, cette antériorité apparente est due à la prééminence des schèmes sémantiques sur les schèmes visuo-perceptifs constitutifs de l'imagerie mentale.

modèle de la mécanique quantique puisque même la vitesse relativiste d'une particule perd son sens pour devenir un instrument de mesure. Le point crucial de cette vision de l'histoire des sciences réside dans l'antécédence de l'objet sur l'espace temps dans lequel il est contenu. En d'autres termes, l'objet, ou plutôt les rapports entre le sujet et l'objet, sont bien les générateurs des espaces contenants et non l'inverse.

C'est bien ce processus que nous avons pu reconstruire dans l'heuristique secrète de l'œuvre de Darwin et que nous pouvons maintenant résumer. L'observation du réel nécessite une disponibilité intérieure préalable. Ensuite cette observation prend pour objets des objets remarquables. Ce sont d'abord des singularités physiques qui attirent le regard et l'attention. Ces discontinuités sont des limites entre surfaces homogènes ou des singularités faisant une saillie sur des milieux homogènes. Ces objets génèrent ensuite une activité réflexive ayant pour but de comprendre la genèse de ces objets, c'est-à-dire la raison de leur existence. L'investigation de ces forces génériques nécessite à ce moment la maîtrise de nouveaux espaces dans lequel les hypothèses peuvent se déployer. Si ces espaces ne peuvent contenir ces hypothèses, ou les contraignent dans des limites où elles sont inefficaces, alors la recherche tourne court et se satisfait d'explications animistes attribuant à l'objet des qualités particulières. Dépasser ce rabattement sur l'objet nécessite de faire exploser les limites des espaces ambiants pour créer un nouvel univers dans lequel les hypothèses peuvent se déployer dans toute leur ampleur. C'est ce qui s'est passé chez Darwin. Après la contemplation des variations des espèces, il a réussi à dépasser les bornes des espaces de pensée de son temps en assimilant l'immensité des étendues géographiques et l'extraordinaire durée des temps géologiques. Et là, dans ce nouvel espace référentiel aux dimensions élargies, l'hypothèse de l'origine des espèces a pu se déployer. La suite, à savoir le lent travail de validation de cette hypothèse au travers de l'étude des échantillons, du recueil des observations, et surtout de la discussion des données contraires à l'hypothèse à laquelle Darwin attachait une importance primordiale, est de l'ordre de l'épistémologie classique, de l'analyse de l'heuristique de l'œuvre, telle qu'elle est pratiquée par nombres d'historiens et de spécialistes de l'histoire des sciences et du darwinisme. Cependant les conditions qui ont permis à Darwin d'acquérir ce nouvel espace référentiel sont, elles, d'ordre essentiellement psychologiques.

En effet, notre analyse autour du voyage du *Beagle* nous a montré que la réflexion qui amène Darwin à l'intuition des forces génératrices et ensuite à la génération de cet espace référentiel, se cristallise d'abord autour d'un éprouvé esthétique à la contemplation des formes de la nature. Sur un plan psychanalytique ce sentiment esthétique premier ressenti par Darwin devant les formes de la nature nous indique que celles-ci ont été associées à des évocations inconscientes. Ces éprouvés esthétiques amènent à penser que Darwin a vécu une expérience précoce proche de celle décrite par la théorie du conflit esthétique de D. Meltzer[12]. Celui-ci avance que l'enfant *in utero* est animé à la fin de la grossesse d'un désir de naître pour échapper au *claustrum* utérin et pour exercer ses sens parvenus à maturité. La naissance se ferait sur le mode d'une expérience esthétique d'une très grande intensité ayant comme contenu l'émerveillement face à la beauté du monde et de l'objet maternel. Mais simultanément l'enfant éprouve une angoisse primaire, due à l'écart entre la connaissance surabondante des qualités externes, superficielles de l'objet et le non savoir, l'inconnu, des qualités intérieures, psychiques, de cet objet. Le conflit esthétique se réalise alors entre ces deux pôles de l'angoisse et du sentiment esthétique. Certains enfants autistes confrontés à ce conflit, tenteraient de le fuir, en se retirant dans un monde bidimensionnel, où l'émotion et la recherche de compréhension sont alors absentes.

L'éprouvé affectif devant un objet, quel qu'il soit, est en effet toujours le témoin de l'importance de cet objet dans la prime enfance. On sait que lors du développement cognitif du nourrisson, celui-ci perçoit au départ le monde de façon syncrétique, même s'il dispose de compétences innées pour catégoriser certaines formes sources particulièrement importantes. Puis peu à peu, sa perception catégorielle s'affine par le développement d'un processus génératif de discrimination entre les stimuli

12. Meltzer D., *Explorations dans le monde de l'autisme*, 1975, édition française, 1984.

utiles au travers d'un processus de sélection. Cependant ce processus de développement de la discrimination s'accompagne d'un processus synthétique utilisant des symboles. Pour S. Ferenczi[13], les symboles permettent de faire jouer une analogie entre les niveaux fonctionnels (les ressentis corporels) et le niveau libidinal. En d'autres termes, les formes et dynamiques du monde extérieur rappellent à l'enfant ses expériences de plaisir. Si celles-ci ont dû être refoulées, deviennent alors des symboles du plaisir et de l'investissement corporel. Plus l'objet et le processus extérieur sont investis d'affect et plus intense est le refoulement du processus intérieur. Dans cette perspective, on comprend mieux les réactions affectives de Darwin devant les formes de la nature. Elles ne sont que la répétition, sous une forme atténuée ou différée, des affects originaux liés à sa première rencontre avec des objets originaires dont la forme caractéristique se retrouve sous les variations des objets du monde.

Le voyage du *Beagle* a bien constitué pour l'inconscient de Darwin un voyage intérieur au cœur du fantasme, à la recherche de l'objet primordial perdu, le corps de sa mère, source de l'expérience primaire de plaisir. Le choix des observations de Darwin, l'attention de son regard, était guidé par la rencontre avec des formes singulières telles que des limites naturelles, des singularités topographiques, des morphologies géologiques ou anatomiques qui, au-delà de leur incontestable intérêt scientifique, ont représenté pour Darwin l'image inconsciente du corps de sa mère, premier objet de connaissance de tout enfant selon Mélanie Klein. Ainsi, de façon étrange, on retrouve dans le contenu latent de l'œuvre de Charles Darwin, l'étonnante thèse de son grand-père, Erasmus Darwin. Selon lui, le plaisir pris par l'enfant à téter le sein est transposé dans le plaisir esthétique et singulièrement dans la contemplation de la nature :

> « À la longue, toute cette gamme de plaisirs se trouve associée à la forme du sein maternel que l'enfant tient dans ses mains, auquel il appuie ses lèvres et qu'il regarde. C'est ainsi qu'il acquiert une idée plus précise de la forme de la poitrine que de son odeur, de sa

13. Ferenczi S., « Le développement du sens de la réalité et ses stades », *Psychanalyse II, Œuvres complètes*, 1913-1919, édition française, 1970.

saveur ou de sa chaleur, qui sont perçus par les autres organes sensoriels. On comprend alors l'embrasement délicieux que nous ressentons à l'âge mur lorsque nous apercevons un objet qui par ses ondulations, ses lignes en spirale rappelle d'une certaine manière, la forme de la poitrine maternelle. Il peut s'agir d'un paysage dont les courbes douces se dessinent en lignes ascendantes et descendantes, de la forme d'un vase antique ou de quelque autre œuvre d'art réalisée à la plume ou au ciseau, l'agrément que nous en tirons semble envahir tous nos sens et si l'objet n'a pas de dimensions exagérées, nous avons envie de le prendre dans nos bras et d'y porter nos lèvres comme nous le faisions dans notre tendre enfance avec la poitrine de notre mère.[14] »

On peut alors comprendre que la variété des formes naturelles ait retenu l'attention consciente de Darwin et l'a amené à comprendre leur déterminisme. En même temps, ces formes restent énigmatiques, à la fois lointaines et familières, car elles sont des déclinaisons d'une forme primitive majeure, celle du corps maternel comme premier objet du monde[15] et horizon de toute recherche. Cette recherche, si elle ne peut réellement se clôturer totalement, trouve néanmoins chez Darwin, dans l'achèvement de la boucle autour du monde, une scansion dans le processus du deuil inconscient de la mère morte et dans la restauration de son image inconsciente.

Cette scansion permet alors à la seconde grande phase de l'histoire interne de la vie de Darwin de se dérouler avec la longue germination de la théorie de l'origine des espèces dont

---

14. Erasmus Darwin - passage cité dans la présentation de C. Allard de l'esquisse biographique d'un petit enfant, dans *Pour Darwin*, P. Tort (dir.), 1997. D'après B. Céleste, « les bases du développement » *Cours de Psychologie*, 1993. Il s'agit d'un extrait de *The Temple of Nature*, 1803.

15. Cf. Mélanie Klein : « La recherche psychanalytique a permis de découvrir que les fantasmes d'explorer le corps de la mère, qui proviennent des désirs sexuels agressifs de l'enfant, de sa voracité, de sa curiosité et de son amour, sont des éléments qui contribuent à la formation de cet intérêt pour la l'exploration de pays nouveaux. [...] Dans l'inconscient de l'explorateur, un nouveau territoire représente une nouvelle mère. [...] Le besoin d'explorer peut aussi ne pas s'exprimer dans une exploration réellement physique du monde, il peut s'étendre à d'autres domaines, recherche scientifique par exemple. » M. Klein, « L'amour, la culpabilité et le besoin de réparation, » dans *l'amour et la haine*, (avec Joan Rivière), 1968, p. 132- 133 Plus loin aussi : « [...] L'explorateur, au contraire, cherche en fantasme une nouvelle mère afin de remplacer la mère réelle de laquelle il s'est détaché ou qu'il a inconsciemment peur de perdre », p. 139.

les rapports symboliques avec la question de la paternité sont évidents. Répondre à la question de la paternité, ce n'est pas uniquement répondre à l'incertitude de la paternité réelle de son propre père, mais aussi pouvoir accepter sa position dans la série généalogique, et assumer sa part d'héritage symbolique autant que somatique[16]. Ce but, finalement atteint avec la publication de *L'Origine des espèces* (mais seulement après la mort de son père), est représenté par la métaphore graphique centrale de l'arbre généalogique (Cf. Figure 3). Cette figure de l'arbre phylogénétique constitue pour Darwin la métaphore princeps par laquelle s'opère le renversement de la longue série des objets géologiques puis biologiques, dans le symbole métaphorique de l'arbre où se condense la question des origines :

> « On a quelquefois représenté sous la figure d'un grand arbre les affinités de tous les êtres d'une même classe, et je crois que cette image est très juste sous bien des rapports [...] De même que les bourgeons produisent de nouveaux bourgeons, et que ceux-ci, s'ils sont vigoureux, forment des branches qui éliminent de tous côtés les branches plus faibles, de même je crois que la génération en a agi de la même façon pour le grand arbre de la vie, dont les branches mortes et brisées sont enfouies dans les couches de l'écorce ter-

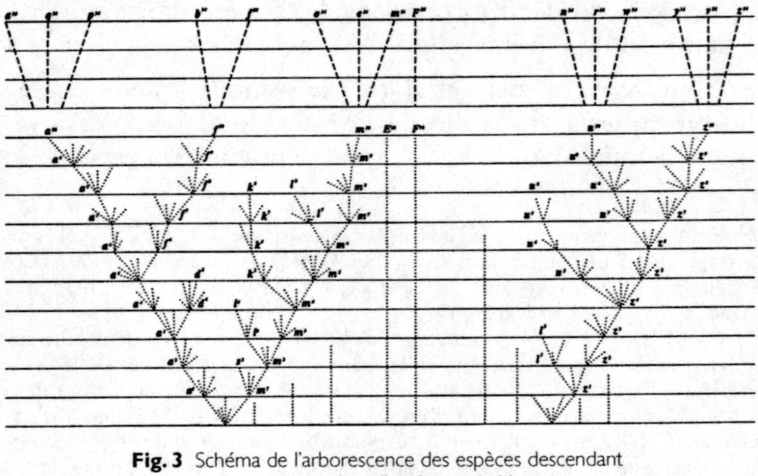

Fig. 3 Schéma de l'arborescence des espèces descendant d'un petit nombre d'espèces primitives

16. Cf. la phrase de Darwin sur l'héritabilité des maladies somatiques dans sa famille : « Tous les Darwin devraient être exterminés » Darwin F. *The Life and Letters of Charles Darwin*, vol. II, p. 383.

restre, pendant que ses magnifiques ramifications, toujours vivantes et sans cesse renouvelées, en couvrent la surface.[17] »

La métonymie des objets d'observation s'est ainsi transmuée en une métaphore générique et le sens que cette dernière engendre éclaire d'une lumière nouvelle la totalité des faits. C'est ainsi que le voyage intérieur de Darwin se lit dans la double conjonction de la recherche de l'imago maternelle, déplacée sur la spatialité du monde géographique, et de celle de la paternité, déplacée sur le thème de l'origine diachronique des espèces.

Nous parvenons à une conclusion apparemment inverse de celle que proposa Patrick Tort dans son ouvrage *La raison classificatoire*[18]. Selon lui, la thèse de Darwin de la généalogie des espèces (toute classification ne peut être que généalogique) renverse plutôt la dominance métaphorique du fixisme des espèces en valorisant un schème métonymique fondamental, celui de la connexion évolutive. Pour Patrick Tort, l'histoire des idées, ou plutôt celle des systèmes discursifs, oscille entre deux dominantes : celle d'une première classification fixiste, scolastique selon le terme de Kant et donc essentiellement métaphorique de par la comparaison dont elle procède, et celle d'une seconde classification qui procède essentiellement par généalogie, par héritage métonymique de propriétés. La thèse de Darwin de la classification des espèces procède bien d'un processus métonymique, celui de la parenté entre espèces puisqu'elles dérivent les unes des autres. Darwin participe donc bien au mouvement matérialiste s'opposant aux conceptions transcendantales ou religieuses qui supposent l'existence d'une puissance vitale ou d'un schème organisateur externe qui expliquerait les morphologies ou les propriétés des espèces. Cependant il n'y a nulle contradiction entre ce point de vue épistémologique et notre point de vue psychologique, à partir du moment où nous considérons la complémentarité entre métonymie et métaphore. Darwin posant la généalogie des espèces réalise bien un renversement métonymique, mais il le fait au travers de la métaphore de l'arbre, comme figure similaire aux relations de parenté. Le cheminement intérieur de Darwin passant d'une

---

17. Darwin C., *L'Origine des espèces*, *op. cit.*, p. 182.
18. Tort P., *La raison classificatoire*, 1989.

dérive métonymique sur les formes de la nature à un saut métaphorique peut se lire ainsi comme le négatif d'une démarche épistémologique externe qui l'a conduit à mettre à bas la dominance du principe de similitude des espèces (schème métaphorique) pour y ériger à la place le principe de la généalogie des espèces et donc de leur contiguïté temporelle (schème métonymique).

En tous cas, il est à notre sens remarquable que les moments heuristiques de l'œuvre de Darwin soient liés à un petit nombre de formes singulières. Tout d'abord des discontinuités séparant des milieux géographiques homogènes, des points singuliers uniques tels les sommets des montagnes, des fronces avec les failles géologiques, puis des catastrophes généralisées, des secousses sismiques, des effondrements, des singularités de becs, l'immensité des variations des formes biologiques et enfin cette morphologie fractale singulière structurant le cœur de l'œuvre : l'arbre des espèces, issu d'un point unique générique explosant dans les multiples ramifications d'une arborescence potentiellement sans limite, symbole universel de vie et représentation phallique. Dans cette perspective, l'œuvre de Darwin a abouti à la mise à distance par l'effort théorique des forces affectives qui ont été déclenchées par l'étonnant pouvoir sémiotique des formes.

Chapitre X

Sublimation et création scientifique

Au terme de ce parcours dans l'œuvre de Darwin et au regard des résultats que nous avons dégagés, la tentation est grande de se laisser aller à les généraliser et à attribuer ainsi à toute découverte scientifique, quel que soit son auteur, les mêmes racines que celles que nous avons tirées de notre lecture de Darwin. Cela serait une généralisation abusive. Il est fort probable que chaque scientifique possède sa propre heuristique inconsciente. Celle-ci, indissociablement mêlée aux mouvements de l'histoire des idées, peut à un moment donné, aboutir à la naissance d'une idée nouvelle. Cependant le déterminisme secret qui pousse une femme ou un homme sur la voie de la recherche scientifique, est bien inscrit au cœur du mystère de la subjectivité. Il ne peut directement être posé comme instance d'une hypothétique classe générique qui serait la « psychologie des scientifiques »[1]. Il serait aussi abusif de circonscrire l'ensemble du génie scientifique de Darwin aux déterminants psychiques que nous avons pu découvrir au travers de ses écrits. Beaucoup de points biographiques et scientifiques ont été laissés en suspens et le lecteur aura peut-

1. Gerald Holton passe en revue dans un des chapitres de son livre *L'imagination scientifique* différents travaux sur la psychologie des scientifiques. Selon Anne Roe, la technique de transmission des résultats scientifiques a pour effet de dissimuler l'homme plutôt que le montrer. Selon elle, les scientifiques ont trouvé très tôt des satisfactions particulières en dehors des relations personnelles, Roe A. *The Making of a Scientist*, 1952. Cf. aussi Bush Marschall, « *Psycho-analysis and Scientific Creativity* », dans *Science as a Career Choice*, 1973.

être ressenti, au détour de sa lecture, l'impression d'un arbitraire sinon dans l'interprétation elle-même, du moins dans la sélection des passages qui en ont été la source. Nous ne pouvons répondre à une telle critique sinon appeler à la rescousse la nécessaire subjectivité qu'impose un essai de psychanalyse appliquée. Nous espérons toutefois avoir gagné suffisamment son assentiment pour nous permettre maintenant d'aller plus avant dans notre construction et cette fois-ci en direction des fondements généraux de la sublimation scientifique.

Comme nous l'avons vu, la description freudienne de la sublimation comme effet d'un déplacement de but et d'objet de la pulsion sexuelle s'applique sans difficulté sur les éléments connus de la vie enfantine de Darwin et sur l'origine de son goût pour les sciences naturelles. De nombreux thèmes scientifiques traités par Darwin peuvent aussi être déchiffrés comme des déguisements symboliques de préoccupations ayant trait à la sexualité et d'une certaine façon l'ensemble de son œuvre et en particulier le thème de la recherche des origines sont dans un rapport direct avec elle. L'éveil de la curiosité scientifique pour l'origine des espèces vient très probablement de ce déplacement d'objet entre cette dernière et le questionnement subjectif sur l'origine de soi. Car, la question des origines est en définitive toujours d'essence sexuelle. Il s'agit bien pour le sujet de savoir comment il a été possible de faire un nouvel individu à partir de deux individus. L'origine du sujet renvoie nécessairement à la complémentarité des sexes dans l'acte de procréation, ce qui implique leur différence et amène à la question de la castration et donc à la structure œdipienne.

Nous avons rencontré aussi lors de notre analyse un autre élément important. Les conditions psychologiques intérieures qui ont permis l'élaboration de la thèse scientifique ont été acquises à la suite d'expériences subjectives de l'espace et du temps au cours d'une trajectoire où Darwin a rencontré des objets naturels, épars, disjoints, dont les formes ont retenu son attention du fait de leurs singularités. Nous avons interprété cette attention comme issue d'une résonance intérieure avec les topologies des objets partiels du corps imaginaire de la mère. Le thème des îles de Corail nous a amené, du fait de leur particularité topologique, vers l'hypothèse de la reconstruction du sein maternel. En accord avec les thèses de Mélanie Klein sur la sublimation, tous ces éléments concourent à l'élaboration d'un scénario selon lequel Darwin aurait cherché lors du voyage a élaborer le deuil de sa mère, et ainsi à sortir de la position dépressive, en liant l'ensemble des objets rencontrés dans un récit puis dans une construction d'ensemble faisant fonction de réparation. La culpabilité inconsciente issue du fantasme d'avoir détruit lui-même sa mère, du fait des projections des fantasmes sadiques, pourrait être alors le déterminant le plus profond de l'effort sublimatoire.

Cependant, en se cantonnant à ces interprétations, nous ne ferions que renforcer les thèses existantes sur la sublimation en apportant simplement une illustration nouvelle. Or, un élément important peut être dégagé de notre étude. Il concerne le lien étroit existant entre les formes, considérées comme un ensemble de singularités saillantes et la théorie du passage de l'état de nature à la culture. On sait que Darwin a théorisé ce passage comme l'effet d'une transition graduelle. Ainsi les ornements, les marques rituelles etc., des tribus primitives sont pour lui dans un continuum fonctionnel avec les parures et les caractères sexuels secondaires des animaux dont la fonction est de favoriser la rencontre entre les partenaires sexuels. Ces formes sont soumises aux lois de la variation et la sélection sexuelle retient les formes les plus favorables à la propagation de l'espèce. C'est certainement sur ce point que peut être adressée une critique, certes posée à partir d'un point de vue contemporain, sur l'anthropologie de Darwin et son postulat du gradualisme entre nature et culture. Il est clair que l'aspect structural des ornements, des symboles et des marques des tribus primitives ne pouvait être perçu par Darwin. On sait aujourd'hui que leur fonction ne peut être comprise qu'à l'intérieur d'un système différentiel d'oppositions[2] comme l'ont montré les travaux d'anthropologie structurale de Lévi-Strauss. Cependant, nous sommes en droit de lire Darwin à la lumière des connaissances acquises aujourd'hui en sciences humaines et de souligner que sa thèse anthropologique sur la continuité du passage entre nature et culture ne peut rendre compte de l'émergence de ces systèmes symboliques qui définissent la culture. Entre l'état de nature, où

2. Cf. Lévi-Strauss C. *La voie des masques*, 1979.

les caractères sexuels secondaires ont été sélectionnés pour leur fonction attractive dans les comportements sexuels, et la culture où les traits n'ont plus une valeur intrinsèque mais une valeur relative dans un système d'oppositions différentielles génératrices de sens, il existe un hiatus, un saut qualitatif, qui sépare le pouvoir sémiotique naturelle d'une forme de structure symbolique.

Nous avons essayé de montrer que la genèse psychologique de la théorie de Darwin telle que nous avons essayé de la reconstituer est justement marquée par une dualité constante entre continuité et discontinuité. L'acte sublimatoire réalisé par Darwin, qui a fait réellement rupture avec le passé et a fait émerger une vision nouvelle du monde, a été réalisé après une lente trajectoire cyclique autour des objets internes, passant et repassant auprès des mêmes objets, comme un analysant retrouvant en analyse d'anciens fils associatifs. Cependant la trajectoire métonymique sur les objets internes ne suffit pas. La création scientifique nécessite un saut qualitatif, une discontinuité fondatrice dans l'ordre de la pensée. Il est remarquable que dans le cas de Darwin, cette discontinuité est bien en rapport avec la question du père et de la généalogie. Les tourments vécus par Darwin pendant l'élaboration de la théorie de l'origine des espèces ont été, nous l'avons vu au travers de l'analyse de sa maladie, motivés directement par la transgression que cette thèse apportait sur la question des origines en amenant à mettre à bas le père des pères, à savoir Dieu. C'est donc finalement bien au prix d'une forme de négation du meurtre symbolique du père que l'anthropologie darwinienne du continu a pu naître. Nous retrouvons bien là la thèse de la sublimation comme acte de dénégation des événements structuraux de la vie psychique. Cependant cet acte est aussi une création d'une structure nouvelle. Dans le cas de Darwin, cette structure nouvelle est symbolisée par l'arbre taxonomique des espèces. On peut considérer cet arbre comme constituant une structure cognitive permettant l'organisation continue dans le temps des singularités dispersées dans l'espace. Cette structure est fonctionnelle et possède une puissance générative qui lui permet de traiter de nouveaux faits et de les intégrer de façon rationnelle aux données préexistantes. Cette structure possède cependant un point aveugle. La forme source, ou le petit nombre de formes sources pour reprendre l'expression de Darwin, dans lesquelles *la vie a été insufflée à l'origine*, restent inconnues. Cette inconnue n'empêche en aucune manière la structure d'être opératoire et d'une certaine façon, toute structure ne peut fonctionner que si elle présente une forme de case vide permettant la circulation des objets. Il reste, à notre sens, remarquable, que cette inconnue concerne toujours la question des origines et finalement celle de la notion de vie. Cette exclusion de la notion de vie, en tant que concept de l'architecture théorique, amène à s'interroger sur la place prise par Darwin dans l'histoire de la biologie.

On sait en effet que la théorie de Darwin a sonné le glas de tout un courant de pensée théorique en biologie issu principalement de la pensée de Lamarck sur lequel nous devons nous arrêter un instant. Issu d'une famille picarde, Jean-Baptiste de Monet, chevalier de Lamarck, est tout d'abord destiné au sacerdoce et envoyé à l'école des jésuites d'Amiens. Après la mort de son père alors qu'il n'a que seize ans, il quitte le séminaire et s'engage dans l'armée. Un accident met un terme à sa carrière militaire et il doit accepter un poste dans une banque pour subvenir à ses besoins, tout en poursuivant des études de médecine qu'il n'achève pas. Cet échec le porte vers la botanique. Il continue alors ses observations des plantes qu'il avait commencées à l'armée. Il publie *la Flore française* en 1778. En 1781, grâce à l'appui de Buffon, Lamarck devient garde des herbiers du cabinet du roi et rédige la section de botanique de *l'Encyclopédie*. Lors de la réorganisation du Jardin du Roi en 1793, il participe à la fondation du Muséum national d'histoire naturelle et obtient la chaire des invertébrés. Il introduit alors un classement qui sera unanimement adopté. Ses travaux sont publiés dans un ouvrage en sept volumes, *Histoire naturelle des animaux sans vertèbres* (1815-1822). Mais c'est dans sa *Philosophie zoologique*, publiée en 1809, que Lamarck expose ses théories les plus controversées réunies sous le terme plus général de « lamarckisme ». Dévots et fixistes, en particulier Georges Cuvier, se liguent contre le naturaliste. Lamarck mourra en 1829 sans que ses travaux ne soient reconnus par la communauté scientifique. La théorie de Lamarck exposée dans sa *Philosophie zoologique* était que les espèces ne sont pas fixes et qu'elles évoluent bien au cours des âges[3]. Lamarck est le premier transformiste d'envergure, sa thèse est certes congruente avec celle que propose Darwin. Seulement le principe de l'évolution, selon Lamarck, réside uniquement dans l'effet cumulatif des adaptations des espèces à leurs conditions de vie. Cette adaptation résulte du jeu combiné des forces d'organisation et des contraintes de l'environnement. Cet effet modifie la morphologie des individus et cette modification est ensuite transmise héréditairement à la descendance. L'exemple classique, souvent caricaturé, est celui de l'allongement du cou de la girafe pour atteindre les feuilles poussant au haut des arbres modifiant génération après génération la morphologie de l'espèce.

Darwin était également convaincu de l'existence d'une forme de transmission des caractères acquis – au travers de sa propre théorie des gemmules – mais il ne partageait pas la forme de finalisme de Lamarck. Celui-ci estimait en effet que l'évolution des formes vivantes était guidée par une tendance interne à la complexification. Cette tendance existant depuis les infusoires primitifs amenaient les formes à rencontrer des circonstances extérieures qui les contraignent à adopter des morphologies différentes. La thèse de Darwin s'oppose ainsi de façon franche sur la question de l'existence de cette tendance à la complexification qui oriente l'évolution mais elle ne s'oppose pas sur le thème de la transmission des caractères acquis. D'une certaine façon, la théorie de Lamarck, tout en étant non vitaliste, puisque pour lui les principes à l'œuvre dans la matière vivante sont de même nature que ceux qui agissent sur les objets physiques, implique une dualité des forces de vie par l'organisation et des forces de mort par la désorganisation qui est incompatible avec la thèse d'une évolution guidée par la seule loi du hasard et de la nécessité.

Ce courant de pensée dans lequel les formes vivantes résultent de ce travail de compromis entre forces d'organisation et forces de désorganisation n'a pas disparu avec l'avancement des thèses darwiniennes. Il perdure encore jusqu'à nos jours sous de nombreux aspects. C'est d'abord le cas de la pensée psychanalytique où la dualité des pulsions de vie et de mort conjuguée au

3. Lamarck, *Philosophie zoologique*, 1809, 1994.

principe de réalité dessine un espace dynamique fort proche de celui dessiné par Lamarck[4]. Le lamarkisme de Freud est induit par la structure de sa théorie qui en acceptant le caractère fantasmatique des traumatismes psychiques (il n'existe pas de réelle séduction chez les névrosés hystériques mais un *fantasme* de séduction) doit positionner dans la phylogenèse le caractère premier du traumatisme. Ainsi le meurtre du père de la horde primitive devient le moment premier expliquant l'existence de la culpabilité inconsciente. Mais il faut alors pouvoir rendre compte de la possibilité d'une transmission aux générations suivantes. Les fantasmes originaires sont ces vecteurs de transmission qui obéissent ainsi à une logique lamarckienne : *quelque chose* d'acquis par l'expérience se transmet aux générations suivantes. Freud a ainsi toujours souligné la congruence des thèses analytiques avec la pensée de Lamarck :

> « Je ne vous ai donc vraiment jamais parlé de l'idée de Lamarck ? Elle a germé entre Ferenczi et moi, mais aucun de nous n'a en ce moment le temps ni le courage d'y toucher. Notre intention serait de faire venir Lamarck sur notre terrain et de montrer que son besoin, qui crée et transforme les organes, n'est rien d'autre que la puissance exercée par la représentation inconsciente sur le corps propre, dont nous voyons les vestiges dans l'hystérie, bref la toute puissance des pensées. La finalité serait alors vraiment expliquée psychanalytiquement ; ce serait le parachèvement de la psychanalyse. On dégagerait deux grands principes de changement dans le progrès : le changement par adaptation du corps propre, et le changement ultérieur par réformation du monde extérieur (autoplastique et hétéroplastique), etc.[5] »

La psychanalyse est en effet bien plus en phase avec la pensée de Lamarck par la dialectique des conflits et des structures (pulsions, inconscient, moi, corps propre, etc.) que par la thèse

4. Cf. la théorie d'une double action constructive et destructive dans les corps composés : « [...] La première concerne une cause générale et continuellement active, qui détruit, quoique avec une lenteur ou une promptitude plus ou moins grande, tous les composés qui existent ; la seconde est relative à une puissance qui forme sans cesse des combinaisons, et qui les compliquent et les surcharges de principes, à mesure que les circonstances y sont favorables. » Lamarck, *Philosophie zoologique*, seconde partie, chap. VII, 1809, 1994 p. 412.
5. Freud S. Lettre du 11 novembre 1917 à Karl Abraham, Cf. Schur M. *La mort dans la vie de Freud*, 1975, p. 375.

commune de l'hérédité des caractères acquis. C'est aussi, dans une certaine mesure, le cas de la théorie de l'assimilation et de l'accommodation chez Piaget même si celui-ci a essayé de dessiner une voie médiane[6]. C'est aussi le cas de la morphogenèse chez René Thom qui a proposé l'existence de figures globales de régulation de la morphologie et du comportement des êtres vivants, et des théories cognitives actuelles de l'auto-organisation où de nouvelles structures peuvent naître et mourir à partir des dynamiques complexes des systèmes multi-agents[7]. La persistance de l'opposition entre les paradigmes darwinien et lamarckien nous invite à rapprocher cette question des éléments de l'histoire interne de la vie de Charles Darwin telle que nous l'avons reconstruite et à relire de façon différente l'enracinement philosophique de son œuvre.

L'émerveillement devant les formes, la dualité des affects et des représentations associés aux dimensions vitales et morbides présentes dans la nature et sur laquelle Darwin insiste à de nombreuses reprises dans le voyage et enfin la construction de la descendance des espèces par l'instauration d'un petit nombre de formes primitives, peuvent être légitimement rapprochées des grands principes fondamentaux de la philosophie de la nature du XIXe siècle qui en grande partie a relayé, mais cette fois sur le plan philosophique, les thèses lamarckiennes de la dualité interne au phénomène du vivant[8]. Le premier principe posé par la philosophie de la nature était celui de son unité essentielle avec l'homme. La vie humaine participe du même mouvement cosmique général qui anime aussi la nature. Étudier la nature, c'est donc étudier l'homme. Le second principe pose la nature comme objet de forces antagonistes et complémentaires susceptibles de s'unir pour se neutraliser. Selon Schelling (1775-1854), la nature est ainsi faite de couples de polarités, le jour et la nuit, la force et la matière, la gravité et la légèreté, le masculin et le féminin, etc. Le troisième principe est celui de l'existence de phénomènes primitifs et de séries de métamorphoses qui en

6. Piaget J. *Biologie et connaissance*, 1967.
7. Cf. Virole B., *Sciences cognitives et psychanalyse*, 1995.
8. Ce passage doit beaucoup aux travaux de Jean Petitot sur la notion philosophique de forme naturelle. Cf. Petitot J., *Physique du sens*, de la théorie des singularités aux structures sémio-narratives, 1992.

dérivent. La théorie de la métamorphose des plantes proposée par Goethe s'oppose directement à la philosophie de Kant. Selon Kant, il existe une impossibilité absolue de rendre intelligibles les formes de la nature Pour lui, le sentiment esthétique ressenti devant les formes de la nature est justement la marque d'une cognition rendue impossible. Les formes de la nature sont belles parce que elles sont marquée d'un défaut fondamental d'objectivité et qu'on ne peut connaître le déterminisme qui a donné naissance à leur morphologie. Au contraire, pour Goethe, il existe dans les formes de la nature une entéléchie fondamentale qui les amènent à exister dans la réalité perceptive, phénoménologique, à partir de leur puissance de déploiement condensée dans leur prototype[9]. Pour la philosophie de la nature, les formes de la nature sont les expressions phénoménologiques dérivées de prototypes fondamentaux constitutifs du vivant et existant dans la même temporalité que leurs expressions. Il ne s'agit donc pas, comme chez Darwin, d'une filiation chronologique entre des formes anciennes et des formes actuelles, mais d'une expression synchronique d'un prototype essentiel dans l'ordre perceptif des phénomènes.

Or, nous avons vu qu'il a existé, dans l'émergence de la découverte chez Darwin, un processus assez similaire à ce rapport entre prototype et phénomène, à savoir la résonance entre la perception des objets naturels rencontrés dans le voyage et les objets internes de la réalité psychique. Il existe en effet une similitude entre cette entéléchie de Goethe, forme primordiale de l'organisme, et l'image inconsciente et archaïque du corps de la mère que Darwin a tenté de restaurer de façon fantasmatique au travers de ses observations. Ces deux entités partagent le caractère de prototype et possèdent donc une sorte de valeur ontologique plus dense que leurs manifestations dans la réalité phénoménologique que celle-ci s'extériorise dans l'ordre des choses réelles ou dans celui des représentations. Tous les principes de la philosophie de la nature se retrouvent ainsi à l'arrière plan de la pensée du jeune Darwin, au travers de son rapport aux formes de la nature et à la recherche des forces antagonistes.

9. Goethe, *La métamorphose des plantes et autres écrits botaniques*, 1790, notes de Steiner 1884, édition française 1992.

Cependant ce rapprochement tourne court dans la construction ultérieure de l'œuvre de Darwin et en particulier dans l'explication donnée du principe de l'évolution. Nul vitalisme, ou finalisme, dans la lutte pour l'existence ou la sélection sexuelle que celle de la survie et de l'adaptation. Au contraire du romantisme et de la philosophie de la nature, Darwin décrira le processus de l'évolution en termes positifs et matérialistes. Ainsi, la volonté d'expliciter le déterminisme qui a donné forme aux atolls, comme celui qui rend compte de la présence des blocs erratiques est une volonté clairement positiviste. Elle tente de fournir une explication rationnelle, mécaniste, à la genèse des morphologies observées. On est ainsi apparemment fondé à voir dans Darwin un représentant du positivisme niant l'inexplicable ontologie des formes naturelles en les analysant scientifiquement. C'est ce dernier aspect qui est surtout mis en avant par les historiens du darwinisme qui voient en Darwin un des fondateurs de la science expérimentale contemporaine. Il n'est bien sûr par question de revenir sur ce point et de disputer la réalité de la nature véritablement scientifique de la théorie de Darwin. Mais il est néanmoins nécessaire de souligner que cette position scientifique n'a pas été donnée en soi et qu'elle a émergé sur la négation d'un sentiment esthétique devant les formes de la nature ; négation profonde, subjectivement assumée et dont la marque est la perte de tout sentiment esthétique de Darwin à la fin de sa vie.

Cette conclusion ne porte pas sur la véracité scientifique de la théorie de Darwin. Elle fournit uniquement un éclairage psychologique sur ses conditions d'émergence. Peut-être sa signification en épistémologie de la connaissance, à savoir que toute découverte scientifique s'érige sur une négation nécessaire, peut-elle nous aider à accepter la nécessité de la complémentarité des approches en biologie ? Après tout la récente réhabilitation de Geoffroy Saint-Hilaire et de ses plans d'organisation des organismes vivants peut redonner force aux pensées postulant l'existence d'un déterminisme biologique inaccessible aux méthodologies réductionnistes[10]. De même, la découverte de régulations

10. Cf. Le Gudayer H., *Geoffroy Saint-Hilaire, un naturaliste visionnaire*, 1998. La découverte récente des gènes Hox montre l'existence d'une série commune de gènes contrôlant la forme extérieure d'organismes animaux appartenant à des espèces fort éloignées.

du génome par des processus qui lui sont externes ouvre des perspectives vertigineuses et relance de grandes questions en biologie théorique[11] y compris par la résurgence des thèses lamarckiennes[12]. La connaissance du vivant mérite bien la complémentarité des approches et l'analyse des points aveugles de chacune d'entre elles. Comme l'a écrit André Pichot, l'histoire de la biologie n'est pas finie et la connaissance profonde de la vie reste encore une frontière inviolée[13].

En conclusion, notre analyse autour de Darwin et de son œuvre nous invite à penser que la sublimation scientifique se construit d'abord sur une négation nécessaire. Elle exige le refoulement des forces pulsionnelles qui lui ont donné naissance et la mise à distance des objets internes qui ont sollicité son émergence. Ainsi, Darwin a réussi le tour de force de construire une théorie rationnelle et opératoire qui permet de fournir une réponse à la grande question des origines au travers du refoulement des significations inconscientes liées aux formes de la nature et à la négation du meurtre symbolique du père, acte fondateur de la culture. Mais ce double mouvement de négation sur le plan de la vie intérieure a généré en retour une double création culturelle de première importance. Le grande legs de Charles Darwin réside certes d'abord dans son apport décisif à la fondation de la biologie de l'évolution. Il se situe aussi dans l'exemplarité, trop souvent détournée et travestie, de son anthropologie où la culture ne s'érige au bout du compte que par le combat pour l'instauration d'institutions régulatrices et par la sollicitude pour les plus faibles. C'est peut-être là, au-delà du gain d'intelligibilité portée par une idée scientifique nouvelle, que se signe l'essence de la véritable sublimation, celle qui opère la mutation des forces pulsionnelles dans une œuvre de civilisation.

---

11. Cf. Pichot A., *Histoire de la notion de gène*, 1999.
12. « Le lamarckisme actuel est plutôt une manière de concevoir l'évolution qu'une doctrine imposant une solution tenue pour définitive. Il anime ceux qui pense que l'organisme par lui-même participe à son évolution et n'est pas le jouet d'une production désordonnée de variations quelconques. » Grassé P.P. article « Évolution » *Encyclopaedia Universalis*, 1995.
13. Pichot A., *Histoire de la notion de vie*, 1993, p. 954.

Repères chronologiques

Repères biographiques		Moments de l'histoire interne de la vie de Darwin
Naissance de Charles Darwin	1809	
Enfance de Charles	1809-1816	Refoulement des motions sadiques ; formations réactionnelles ; épisode du nom de la fleur ; attirance pour la nature.
Mort de Susannah Wedgwood, sa mère	1816	Traumatisme initial ; refoulement familial du nom de la défunte ; travail de deuil inachevé ; culpabilité inconsciente.
Charles Darwin à l'école de Shrewsbury	1818-1825	
Charles Darwin à l'Université d'Édimbourg	1825	Conflit avec le père ; angoisse de mort et de castration (épisode de la blessure au doigt) ; dégoût des études médicales.
Voyage du *Beagle*	1831-1836	Angoisse au départ ; début de la maladie. Rencontre avec les formes tropicales ; expérience esthétique recouvrant la recherche inconsciente de restauration de la mère morte.
Résidence à Cambridge	1836-1837	

Repères biographiques		**Moments de l'histoire interne de la vie de Darwin**
Mariage de Charles Darwin et d'Emma Wedgwood *Voyage d'un naturaliste autour du monde*	1839	Lente élaboration de la thèse de l'origine des espèces.
Installation à Down – *Les récifs de Corail*	1842	Thème sublimatoire inconscient de la restauration du sein
Mort de Robert Darwin	1848	Angoisse et maladie dues à l'ambivalence de Darwin envers son père ; agressivité inconsciente.
Les Cirripèdes	1851-1854	Thème sublimatoire des théories sexuelles infantiles.
L'Origine des espèces	1859	Victoire sur le doute.
La variation des animaux et des plantes domestiques	1868-1881	
La descendance de l'homme	1871	Anthropologie du passage continu entre nature et culture.
L'expression des émotions	1872	
Les effets de la fécondation croisée – La faculté motrice des plantes – Les différentes formes de fleurs – Formation de la terre végétale sous l'action des vers	1875-1881	Sérénité interne malgré l'avancement de la maladie ; perte de tout sentiment esthétique.
Mort de Charles Darwin	1882	

Bibliographie

Abraham K., *Œuvres complètes*, tome 1, *Rêve et mythe*, Petite bibliothèque Payot, Paris, 1965.

Abraham N., Torok M., *L'écorce et le noyau*, 1978, Flammarion, Paris, 1987.

Allard C., « Charles Darwin, précurseur de la psychologie du bébé », *La Psychiatrie de l'enfant*, XL., 2, 1997, p. 559-624.

D'Arcy Wenworth Thompson, *On Growth and Form*, 1917, 1942, The Complete Revised Edition, Dover, 1992, édition française abrégée, Éditions du Seuil, Éditions du CNRS, Paris, 1994.

Assoun P.-L., « Freudisme et Darwinisme » dans *le Dictionnaire du darwinisme et de l'évolution*, P. Tort (dir.), PUF, Paris, 1996.

Atkins H., *Down : the Home of the Darwins*, The Royal College of Surgeons of England, Londres, 1974.

Beer G., *La quête du chaînon manquant, aventures interdisciplinaires*, édition originale 1992, édition française, Synthélabo, « Les empêcheurs de penser en rond », Paris, 1995.

Beer Sir Gavin de, *Charles Darwin, A Scientific Biography*, The Natural History Library, Doubleday & Company, Inc., Garden City, New York, 1963.

Bion W. R., *Aux sources de l'expérience*, 1962, PUF, Paris, 1979.

Bouligand Y., « La question de la continuité en évolution biologique » dans *Passion des formes – à René Thom*, E.N.S, Éditions, Fontenay-Saint-Cloud, 1994.

Bouligand, Y., « La petite fronde anti-Darwin », dans *Pour Darwin*, P. Tort (dir.), PUF, Paris, 1997.

Bowlby J., *Charles Darwin, une nouvelle biographie*, édition originale 1990, édition française, PUF, Paris, 1995.

Bowlby J., *Attachement et perte*, en 3 tomes, PUF, Paris, 1978.

Bowler J. P., *Darwin*, 1990, Flammarion, Paris, 1995.

Bush Marschall, « Psycho-analysis and Scientific Creativity », abrégé et réimprimé dans Eiduson T., Beckamn L. (ed.), *Science as a Career Choice*, Russel Sage Foundation, New York, 1973.

Céleste B., « Les bases du développement », *Cours de Psychologie*, Dunod, Paris, 1993.

Chandebois R., « Esquisse d'une cybernétique de la morphogenèse chez l'animal », dans *Passion des formes – à René Thom*, Paris, ENS Éditions, Fontenay-Saint Cloud, 1994.

Colp R., *To Be an Invalid : The Illness of Charles Darwin*, Chicago University Press, Chicago, 1987.

Cook J., *Relations de voyages autour du monde*, 1780, Choix, introduction et notes par Christopher Lloyd, Éditions La Découverte, Maspero, Paris, 1991.

Cuvier G., *Discours sur les révolutions du globe*, Libraire Firmin Didot Frères, Paris, 1867.

Darlington C. D., *Darwin's Place in History*, Blackwell, Oxford, 1959.

Darwin C. *A Monograph of the Subclass Cirripedia, with Figures of All the Species*, 1851-1854.

Darwin C., *Voyage d'un naturaliste autour du monde*, Paris, Édition La Découverte, Maspero, Paris, 1982.

Darwin C., *L'Origine des espèces*, première édition sous le titre original, *On the Origin of Species by Means of Natural Selection or the Preservation of Favoured Races in the Struggle for Life*, 1859, édition en langue anglaise, New York, Modern Library Edition, 1993, édition française, Flammarion, Paris, 1992.

Darwin C., *Ébauche de l'origine des espèces*, 1844, Pergame, Diderot Éditeur des Arts et Sciences, Paris, 1998.

Darwin C., *The Descent of Man and Selection in Relation to Sex*, 1871, Princeton University Press, Princeton, 1981.

Darwin C., *The Autobiography of Charles Darwin*, edited by Nora Barlow, 1958, Norton & Company, 1993, version française (moins complète) : *Darwin, la vie d'un naturaliste à l'époque victorienne*, Belin, Paris, 1985.

Darwin C., *De la fécondation croisée des orchidées par les insectes et des bons résultats du croisement*, 1862, SenS, Éditions Science en Situation, Paris, 1999.

Darwin C., *L'expression des émotions chez l'homme et chez les animaux,* 1890, deuxième édition française, Paris, C. Reinwald & Cie, reproduction aux Éditions Complexe, Bruxelles, 1981.

Darwin C., *The Formation of Vegetable Mould, through the Action of Worms, with Observations on their Habits*, 1881, edited by Duncan M. Porter and Peter W. Graham, The portable Darwin, Penguin Books, New York, 1993.

Darwin C., « Essai posthume sur l'instinct » traduit de l'anglais par Lauraine Jungelson dans *Pour Darwin*, P. Tort (dir.), PUF, Paris, 1997, p. 248-274.

Darwin E., *Zoonomia, or the Laws of Organic Life*, I, J. Johnson, Londres 1801, p. 200-201.

Darwin F., T*he Life and Letters of Charles Darwin*, 3 vol., John Murray, Londres, 1887.

Dagognet F., *Philosophie de l'image*, Vrin, Paris, 1986.

Devereux G., *De l'angoisse à la méthode dans les sciences du comportement*, 1967, Flammarion, Paris, 1980.

Devillers C., Tintant H., *Questions sur la théorie de l'évolution*, PUF, Paris, 1996.

Edelman G. M., *Biologie de la conscience*, Éditions Odile Jacob, Paris, 1992.

Eissler K.R., *Léonard de Vinci – Étude Psychanalytique*, 1961, édition française, PUF, Paris, 1980.

Einstein A., *Comment je vois le monde*, 1958, traduction de *Mein Weltbild*, Amsterdam, Querido Verlag, Paris, Flammarion, Paris, 1979.

Fabre J.H., *Souvenirs entomologiques*, Éditions Robert Laffont, 2 tomes, Paris, 1989.

Ferenczi S., *Psychanalyse II, Œuvres complètes*, Payot, Paris, 1970.

Foucault M., *Les mots et les choses*, Gallimard, Paris, 1966.

Freud S., *Trois essais sur la théorie sexuelle*, 1905, G.W., V, 175-7, S.E. ; VII, 174-176 ; Fr., 66-9. Traduction française, Gallimard, Paris, 1987.

Freud S., *Moïse et le monothéisme*, Gallimard, Paris, 1948.

Freud S., « Au-delà du principe de plaisir », 1920, *Essais de Psychanalyse*, Payot, Paris, 1951.

Freud S., « De la disposition à la névrose obsessionnelle », 1913, in *R.F.P.*, 1929, 3, n° 3, p. 437-447.

Freud S., « Pour introduire le narcissisme », 1914, SE, XIV, traduction dans *La vie sexuelle*, PUF, Paris, 1969.

Freud S., *Totem et Tabou*, Petite bibliothèque Payot, Paris, 1965.

Green A., « La mère morte », dans *Narcissisme de vie, narcissisme de mort*, Les Éditions de minuit, Paris, 1983.

Holton G., *L'imagination scientifique*, 1973, Gallimard, Paris, 1981.

Hubble D., « Charles Darwin and Psychotherapy », *Lancet*, 30 janvier 1943, p. 129-133.

Goethe, *La métamorphose des plantes et autres écrits botaniques*, 1790, (introduction et notes de Rudolf Steiner, 1884), Triades, Paris, 1992.

Goujet D., article « Géologie », *Dictionnaire du darwinisme et de l'évolution*, P. Tort (dir.), PUF, Paris, 1996.

Goldberg D. E., *Algorithmes génétiques*, Addison-Wesley, Paris, 1994.

Grassé P.P., « Évolution » *Encyclopaedia Universalis*, tome 9, 1995.

Jones E., *La vie et l'œuvre de Freud*, 1953, PUF, Paris, 1982.

Juranville A., *Lacan et la philosophie*, PUF, Paris, 1984.

Kandinsky W., *Regards sur le passé et autres textes, 1912-1922*, Hermann, Paris, 1974.

Klein M., *Essais de psychanalyse*, édition française, Payot, Paris, 1968, 1982.

Klein M., « L'amour, la culpabilité et le besoin de réparation », dans *L'amour et la haine*, (avec Joan Rivière), 1937, Petite bibliothèque Payot, Paris, 1968.

Kuhn S.T., *La structure des révolutions scientifiques*, 1962, Flammarion, Paris, 1983.

Lacoste P., « Sur les théories freudiennes de l'évolution » *Les évolutions, phylogenèse de l'individuation*, sous la direction de Pierre Fedida et Daniel Widlöcher, PUF, Paris, 1994

Lamarck J.-B.-P.-A, *Philosophie zoologique*, 1809, Flammarion, Paris, 1994.

Lamotte M., *Théorie actuelle de l'évolution*, Hachette, Paris, 1994.

Laplanche J., *La sublimation, Problématiques III*, PUF, Paris, 1980

Lassègue J., *Turing*, « Figures du savoir », Les Belles Lettres, Paris, 1998.

Le Gudayer H., *Geoffroy Saint-Hilaire, un naturaliste visionnaire*, Belin, Paris, 1998.

Lenay C., *Darwin*, « Figures du savoir », Les Belles Lettres, Paris, 1999.

Lévi-Strauss C. *La voie des masques*, Plon, Paris, 1979.

Malthus T. R., *Essai sur le principe de population*, Londres, 1798, édition française, Institut National d'études démographiques, Université catholique de Louvain, diffusion PUF, 1980.

Mayr E., *Histoire de la biologie*, 1982, édition française, Fayard, Paris, 1989.

Meltzer D., *Explorations dans le monde de l'autisme*, 1975, édition française, Payot, Paris, 1984.

Minguet C., *Alexandre de Humboldt, historien et géographe*, F. Maspero, Paris, 1969.

Petitot J., *Physique du sens*, de la théorie des singularités aux structures sémio-narratives, Éditions du CRNS, Paris, 1992.

Piaget J., *Biologie et connaissance*, Gallimard, Paris, 1967.

Piaget J, Rolando G., *Psychogenèse et histoire des sciences*, Flammarion, Paris, 1983.

Pichot A., *Histoire de la notion de vie*, Gallimard, Paris, 1993.

Pichot A., *Histoire de la notion de gène*, Flammarion, Paris, 1999.

Pickering G., *Creative Malady*, Georges Allen and Unwin, Londres, 1974.

Proust J., « L'espace, les sens et l'objectivité », *Perception et intermodalité, approches actuelles de la question de Molyneux*, J. Proust (dir.), PUF, Paris, 1997.

Ritvo L.-B., *L'Ascendant de Darwin sur Freud*, Gallimard, Paris, 1992.

Roe A., *The Making of a Scientist*, Dodd, Mead & Co, New York, 1952.

Rosolato G., *Pour une psychanalyse exploratrice de la culture*, PUF, Paris, 1993.

Rosolato G., *Essais sur le symbolique*, Gallimard, Paris, 1964.

Sami-Ali, *De la projection, une étude psychanalytique*, Payot, Paris, 1970.

Schur M., *La mort dans la vie de Freud*, 1972, Gallimard, Paris, 1975.

Sulloway F.J., *Freud, biologiste de l'esprit*, 1979, édition française, Fayard, Paris, 1981.

Thom R., *Stabilité structurelle et morphogenèse*, deuxième édition, Interéditions, Paris 1977.

Tort P., *La pensée hiérarchique et l'évolution*, Aubier Résonnances, Paris, 1982.

Tort P., *La raison classificatoire*, Aubier Résonnances, Paris, 1989.

Tort P., (dir.), *Dictionnaire du darwinisme et de l'évolution*, PUF, 3 tomes, Paris, 1996.

Tort P., (dir.), *Pour Darwin*, PUF, Paris, 1997.

Tustin F., *Autisme et psychose de l'enfant*, Seuil, Paris, 1977.

Valéry P., « L'homme et la coquille », 1931, *Œuvres complètes*, tome I, « La Pléiade », Gallimard, Paris, 1992.

Vinci de L., *Traité de la peinture*, cité dans K.R. Eissler, *Léonard de Vinci, Étude psychanalytique*, 1961, PUF, Paris, 1980.

Virole B., *Sciences cognitives et psychanalyse*, Presses Universitaires de Nancy, Nancy, 1995.

Virole B. *et al.*, *Psychologie de la surdité*, Bruxelles, De Boeck Université, Bruxelles, 2000.

Waddington C.H., *The Strategy of the Genes*, Allen and Unwin, Londres, 1957.

Wilson E.O., *Sociobiology : The New Synthesis*, The abridged edition, The Belknap Press of Harvard University Press, Cambridge, 1980.

Index

Achevé d'imprimer à Evreux
sur Rotative Numérique par

Book It!

Tél. : 01 55 38 94 88

Dépôt légal : Juin 2000